上念 司

経済で読み解く織田信長

「貨幣量」の変化から宗教と戦争の関係を考察する

KKベストセラーズ

序に代えて　～お金の流れで「歴史」を読み解く

絶対に逆らえない「経済の掟」

どんなに強い政治権力を持つ者でも絶対に逆らえない掟があります。それが「経済の掟」です。それは、例えば「お金をたくさん刷れば必ずインフレが起こる」とか、「お金の量が減ればデフレになる」とか、「デフレになるときは自国通貨高になる」といった、とても単純なルールです。

【経済の掟】（例）

- お金をたくさん刷れば必ずインフレが起こる
- お金の量が減ればデフレになる
- デフレになるときは自国通貨高になる

2016年11月にアメリカの新大統領に選ばれたドナルド・トランプ氏はその選挙キャンペーンにおいて、「巨額の財政支出と減税」を約束するとともに、「外国による不当な為替操作を許さない（要するに、ドル高牽制）」と宣言しました。しかし、このふたつの政策は完全に矛盾しています。新聞記者やテレビのキャスターは重度の経済オンチのため、その矛盾にはまったく気づきませんでした。

巨額の財政政策と減税を行うためには、それに見合った財源が必要です。日本の財務省はアホなので、財源といえば「ゾーゼー、ゾーゼー」と騒ぎますが、実際には以下のような手段があります。

① 増税
② 他の支出を削減して、別の支出に回す（予算の組み替え）
③ 国債の発行

財務省はいつでも①を主張し、民進党はかつて民主党時代に②を主張しました。トランプ氏の場合は減税も約束していることから①はあり得ませんし、財政支出の総額を増やすと公約している以上、②もあり得ません。

そうなると、必然的に③を選択することになります。その場合、国債を中央銀行がお金を刷って買い取るのか（「③－1」）、それとも市場で民間の金融機関などが資金を出して買い取るのか（「③－2」）によって話は違ってきます。

① 増税
② 他の支出を削減して、別の支出に回す（予算の組み替え）
③ 国債の発行
　③－1 中央銀行による買い取り
　③－2 民間の金融機関等による買い取り

トランプ氏が「③－1」を選んだ場合、中央銀行が巨額の財政政策を支えるために大量のお金を発行します。その場合は「お金をたくさん刷れば必ずインフレが起こる」という経済の掟が発動します。

適度なインフレ（年率2％程度）であれば、アメリカ経済には悪い影響はありません。しかし、財政支出を支えるために際限なく貨幣を発行し続ければ、インフレ率が適切なレンジをはるかに超えてしまうかもしれません。そうなると、結果的にはアメリカ経済のパフォーマンスは低下します。

逆に、トランプ氏がインフレを恐れて、「③－2」を選択したとすると、今度は経済がデフレ基調となります。なぜなら、市場で大量の国債を売却すると、民間の市場からお金が政府に吸い上げられてしまい、民間の市場でお金が枯渇するからです（厳密には即座にデフレに陥るわけではないので、あくまで「デフレ基調」です）。これこそが、「お金の量が減ればデフレになる」という経済の掟です。

トランプ当選後に「ドル高」になった理由

また、デフレになるときは、自国通貨は他国の通貨に比べて減少し希少性を増します。希少な通貨は買われることになり、「デフレになるときは自国通貨高になる」という経済の掟も時を置かずに発動します。

トランプ氏当選直後にドル高が進んだ理由はまさにこれです。

アメリカの中央銀行である「ＦＲＢ（連邦準備制度理事会）」が大統領選挙の翌月である２０１６年12月に利上げを予定していました。そのタイミングで、トランプ氏が巨額の財政支出と減税を約束して当選してしまったため、市場は「③－2」の発生を予見しました。その結果、トランプ氏がまだホワイトハウスに入っていないのに、ドル高が進んだのです。

２００８年に麻生太郎内閣がリーマンショックへの対応として巨額の財政政策を実施しました。しかし、このとき日銀は背後で金融引き締めをしていました。麻生内閣にまったく協力せずお金を発行して国債を買うどころか、お金の量をまったく増やさなかったのです。

その結果、デフレと円高が深刻化しました。為替レートは1ドル80円の超円高となり、結局、麻生内閣の景気対策の効果はキャンセル・アウトされました。このときのメカニズムも今回のトランプ氏当選以降のドル高とまったく同じです。わかりやすく公式にしておきましょう。

巨額財政支出＋金融引締め※＝自国通貨高

※現状維持の場合、不十分な金融緩和の場合でも結果は同じ。

もちろん、①（増税）を選んでも結果は「③－2」（国債発行、民間等による買い取り）と同じです。民間の市場から政府にお金を抜く口実が国債の売却代金から税に代わるだけですから。

また、②（予算の組み替え）の場合はそもそも財政支出自体が増えないので、経済的なインパクトは±0ということになります。民進党は未だにこんなことを言っているそうですが、本当に愚かです。

画期的だった、織田信長のコーディネート力

このように、経済政策の成否は経済の掟との関係で決まります。それは、何百年も前に時の権力者が実行した政策であってもまったく同じことです。安倍晋三総理もトランプ大統領も足利義満《あしかがよしみつ》も織田信長も、この掟からは絶対に逃げることができません。そして、逃げることができないからこそ、歴史を経済で読み解くことが可能になります。

経済で歴史を読み解くという作業は、歴史上の出来事を〝経済の掟〟という観点から観察する作業です。それはある一面では、「時の権力者がいかにして経済の掟と格闘したか」を観察し、「その政策が日々生きるために商売をしている名もなき民にどのような影響を与えたのか」を確認する作業とも言えます。

今回のテーマである室町時代から戦国時代に生きていた人々は、「ワルラスの法則」も「マンデルフレミング効果」も知りませんでした。しかし、目端《めはし》の利いた天才は何

となく経済の掟を肌で感じ、世の中の枠組みを変えようとしました。経済の掟に逆らうのではなく、むしろそれを利用して富を拡大させていくことを図ったのです。

その目端の利いた天才のひとりに信長がいました。間違いなく信長は経済の掟を「ある程度」は理解し、それに沿った政策を実施しています。ただし、それが日本全国に広くあまねく行き渡ったかどうかは別として……。

私は前著『経済で読み解く 明治維新』（ＫＫベストセラーズ）において、「経済は身体であり、政治（制度）は衣服である」ということを述べました。肉体が成長すると、古い服を脱ぎ捨てて新しい服に着替えるように、経済が発展してくると政治システムは変容を迫られます。

本書のテーマも前著同様に、室町時代から戦国時代にかけての「着替え」です。そして、戦国時代に日本の「着替え」を目指したいくつかの勢力がありました。その中でも織田信長のコーディネートは特に画期的で、その後の日本経済の枠組みに大きな影響を与えました。

ただ、画期的であるからといって即座にそれが全国津々浦々に普及したとは限りません。しつこいようですが、ここは強調しておきます。

デフレが原因で「戦国時代」に突入した

一方で、国の肉体（経済）は「名もなき民による一攫千金《いっかくせんきん》へのチャレンジ」の結果として成長するものです。前著でも書いた通り、江戸時代の百姓（農民とは限らない）は市場の動向を常に気にしていて、チャンスがあればリスクを取っていました。

江戸時代には一介の船頭から巨大商社を立ち上げた人もいれば、火事に乗じて材木市場でぼろ儲けしてそのまま公共事業を請け負う巨大コングロマリットを立ち上げた人もいました。

実は、その商魂たくましい日本人というのは江戸時代に突然出てきたわけではなく、それ以前からたくさんいたのです。しかも、その多くが実は宗教家だったりもします。信長がなぜ寺社勢力と対決せざるを得なかったのか、その理由も経済から見ていけば納得できるでしょう。

信長は経済を活性化させるために、借金をしてまで商売をするようなリスク選好的な人をサポートしました。これは今でも昔でも共通する経済の掟です。しかし、それを進めていくためには借金の実質的な負担を減らす必要があります。その政策とは、歴史教科書にある「徳政令」ではありません。一時的に債務を免除したところで、新たに債務が生まれ続ける経済状況が変わらなければ根本的な解決はできません。

経済がデフレに陥ると、景気の悪化によって債務は膨れ上がっていきます。デフレを脱却せずに徳政令を連発しても、焼け石に水です。デフレを脱却するためには、貨幣量を継続的に増やしてインフレを起こさなければいけません。インフレによって、借金の実質的価値は目減りします。借金をしてまでリスクを取る経済のチャレンジャーにとっては、インフレが大きなサポートになるのです。

ところが、室町時代はそれとは正反対の時代でした。

この時代（室町時代……筆者注）は日本で銭貨が鋳造されず、中国からの貿易の見返りによって中国銭＝明銭を輸入するのが唯一の貨幣発行の方法であった。ところが四代義持将軍時代に中国との国交が断絶されたため、義教のころは銭貨が極端に不足していた。室町時代が一貫してデフレ経済であったのは、このような事情による。

（出典：『戦国期の室町幕府』今谷明／講談社学術文庫）

室町時代に戦乱が続いた理由として、「小氷期の天候不順で飢饉《ききん》が頻発した」とか、「権力構造が有力な武士（守護）の連合政権で不安定だった」とか、いろいろなことが言われます。しかし、私から見れば政治権力の不安定化の根本原因はまさにデフレであって、これを解決しない限り政権の安定はあり得ません。

室町時代から戦国時代にかけて戦乱が多かったのは、全体的な経済の基調がデフレだったからです。デフレは景気の悪化、長期の停滞を招き、人々を困窮させます。困窮した人々は平和なときには見向きもされない過激思想を支持します。第二次大戦前のドイツで共産党とナチスが勢力を拡大したのはそのためです。こういう人々はやけくそになって戦争による問題の根本解決を目指したりもします。

室町時代の政治的リーダーは選挙によって選ばれてはいませんが、戦争に領民を動員するには領民たちの戦争に対する「やる気」が必要でした。戦争に勝てば略奪によるご褒美をもらえるというのが当時の常識です。領民が大名の動員に応じるということは、少なくともその時点における領民たちの通常業務よりも、戦争に大きなリターンを期待した人がたくさんいたということです。もちろん、それ以外の理由で戦争に参加した人もいたことは否定しませんが、経済的な理由を無視することはできないでしょう。

室町時代は全体的にデフレ圧力が強く、経済的に困窮していたからこそ、戦争で一発逆転を狙う人が後を絶たなかったと言えます。

逆に、徳川時代になると、室町・戦国的な意味での戦争はなくなりました。その理由は、拙書『経済で読み解く 明治維新』をお読みください。

＊

果たして、信長はデフレを終わらせ適度なインフレを実現できたのか？

天下統一まであと一歩だった信長の「経済政策」の歴史的意義は何だったのか？

ぜひ本書を最後までお読みいただき、皆さん自身もお考えいただければ筆者として幸甚の極みです。

上念 司

経済で読み解く 織田信長

「貨幣量」の変化から宗教と戦争の関係を考察する

◎目次

第2章 室町幕府の財政事情

第二部　寺社勢力とは何なのか？

第3章　老舗「比叡山」vs.新興「京都五山」

第4章　京都五山のビジネスと本願寺の苦難

第三部 武将と僧侶の仁義なき戦い

第5章 信長の先駆者たち

第6章 「一向一揆」とは何か

※本書の引用部分につきまして、原文の記述を損なわない範囲で一部要約した箇所があります。また、旧仮名遣い及び旧漢字も新仮名遣い及び新漢字に変更した箇所があります。
※敬称につきまして、一部省略いたしました。役職は当時のものです。
※本書では文脈に応じて、「支那」の用語を使っています。
※本書では、「インフレーション」を「インフレ」、「デフレーション」を「デフレ」と表記しています。

第一部　中世の「金融政策」と「景気」

第1章　明の景気が日本経済を左右した時代

世の中はモノとお金のバランスによって成り立っています。お金が不足すれば人々はお金の価値が将来的に上がると見込んで消費を先送りし、貯め込んで使わなくなります。お金を使わなくなるとモノが売れず景気が悪くなります。景気が悪くなると、将来的な不安から過激な思想に染まり、暴力に訴えて世の中を変えようとする人が現れます。当初、彼らは少数派ですが、不況が長引いてくると徐々に数が増えます。室町から戦国にかけての時代は、まさに彼らが多数派の時代でした。

「貨幣量」の増減は政治的にも経済的にも大きな影響を与えるため、権力者はそれをコントロールして国内の安定化に努めるべきです。ところが、日本ではそもそも江戸時代までは自国の貨幣を発行していませんでした。その代わり、支那との交易を通じて銅銭を輸入し、それをそのまま国内で流通させていたのです。

銅銭の流入量は日本の対外政策のみならず、国際情勢、特に支那の王朝の金融政策に大きな影響を受けました。世界情勢に振り回される日本経済――。こんな状態では経済の安定はおろか、国内の平和すら実現することが難しかったのです。

第一部では、当時の日本経済が抱えた「構造問題」を経済から読み解きます。

人間は〝年に2%〟賢くなる

「経済の掟」は歴史上どの時代においても通用する普遍的な法則です。経済学の簡単なフレームワークを頭に入れておけば、「歴史上の出来事がなぜ起こったのか」——、その理由をつかむことができます。

「経済で読み解く〜」シリーズではこの点について繰り返し述べてきましたが、初めて本シリーズを読まれる方のために、歴史を読み解くために必要な経済学のツールについて簡単に解説しておきます。

最も重要な法則は「ワルラスの法則」と呼ばれる、マクロ経済学の恒等式です。極めて単純化すると、「モノとお金のバランスで経済の先行きが決まる」ということです。モノが不足すれば物価が上がり（インフレ）、お金が不足すると物価が下がります（デフレ）。

モノ不足でインフレというのは理解しやすいですが、お金不足でデフレというのがちょっと曲者《くせもの》です。

図１　ワルラスの法則概念図 -1

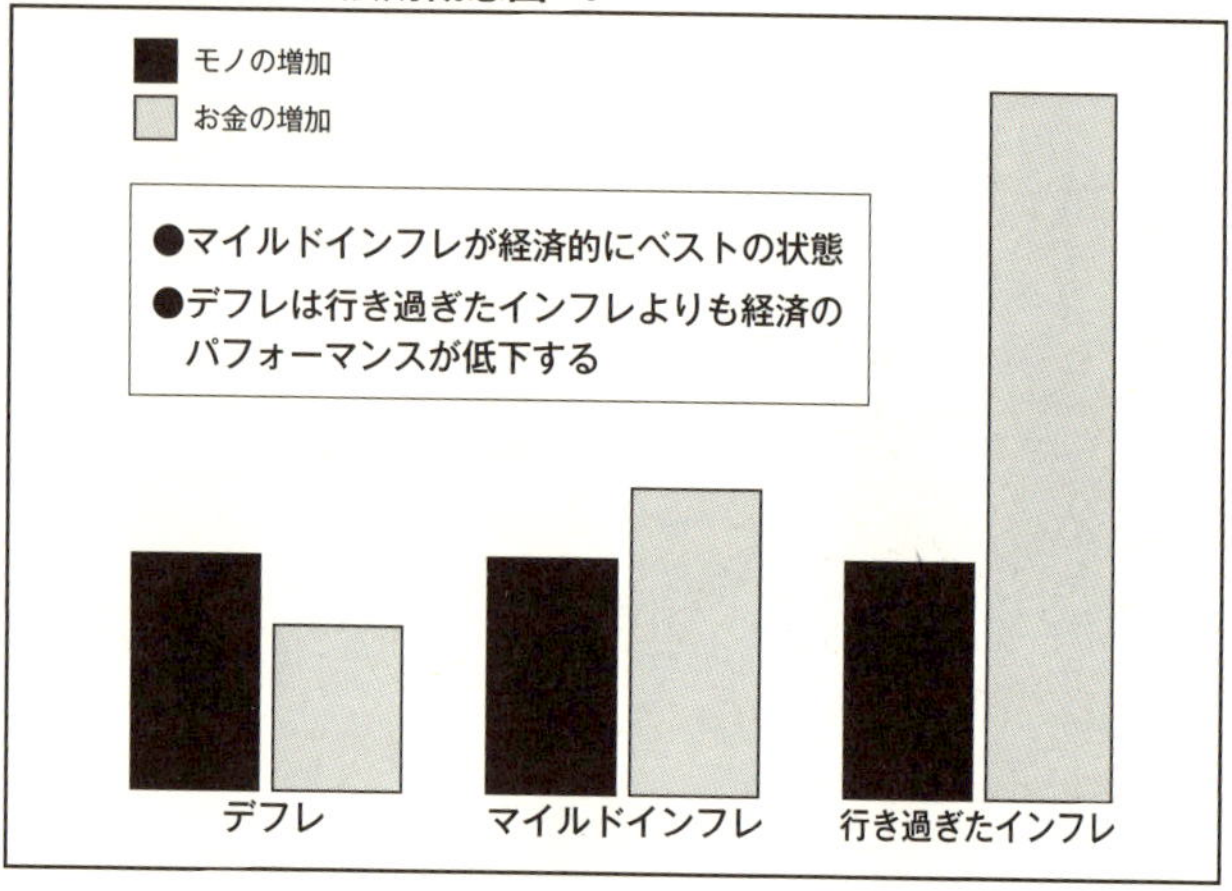

意外にも、人間は毎年２％程度賢くなります。買ったばかりのスマートフォンの操作に四苦八苦していた人が、１年後には使いこなしているという状況をイメージするとわかりやすいでしょう。別の言い方をすれば、「人間は元来怠け者なので、どうせ同じ結果が得られるならなるべく少ない労力を使ってそれを達成しようと努力する」とも言えます。そのため、同じ労働力を投入しても、翌年にはより良いものがより安くできてしまうのです。

これを先ほどのワルラスの法則に当てはめると、「モノは毎年自然に増えていく」と言い換えることができます。概ね２％ぐらい増えると考えてください。

図２　ワルラスの法則概念図 -2

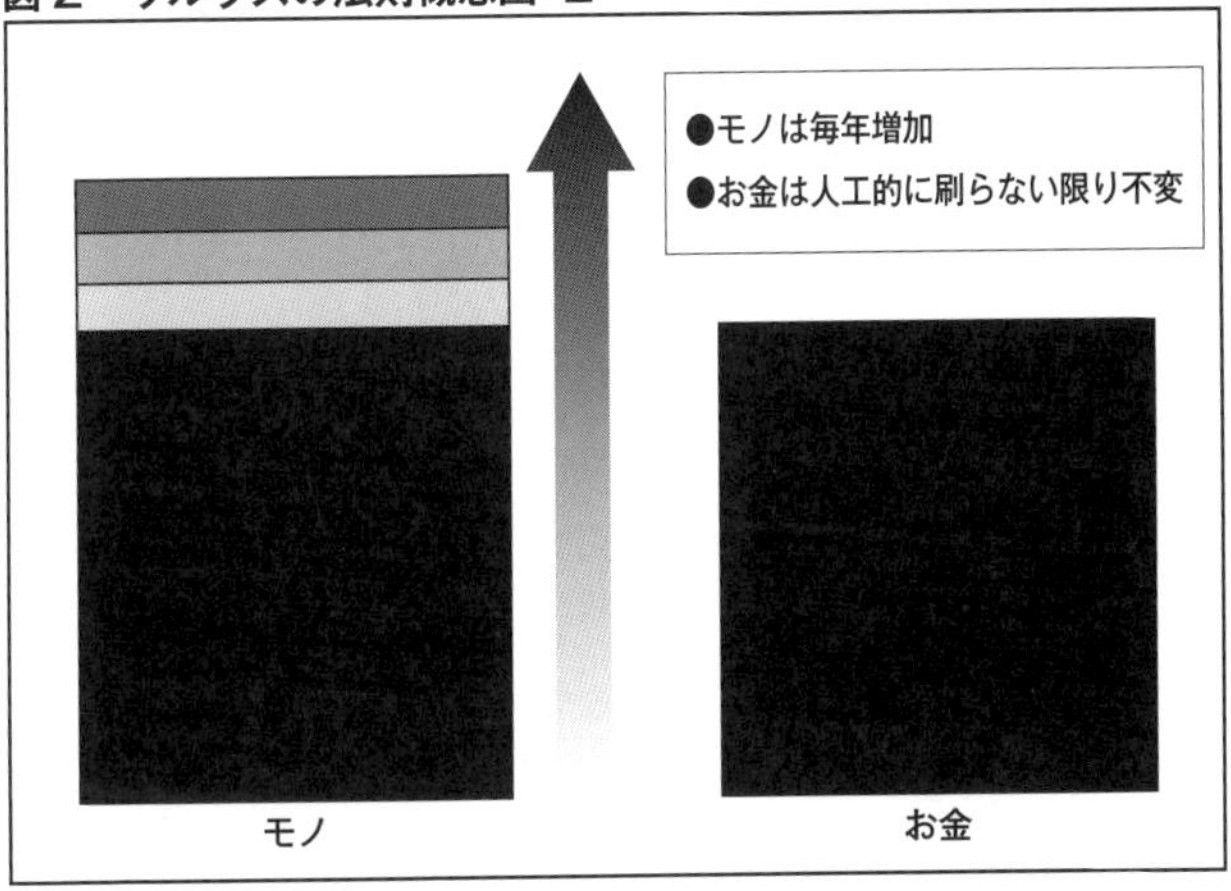

さて、ここでひとつの問題が生じます。モノは自然に増えていくのに対して、お金は人工的に刷らない（作らない）限り増えることはありません。「序に代えて」で述べた通り、室町時代の日本は自国通貨を発行しておらず、貨幣は支那の銭貨（銅銭）、いわゆる渡来銭《とらいせん》を使っていました。貿易をすれば貨幣量は増えますが、貿易をしないと貨幣量がまったく増加しないことになります。

また、そもそも貿易をしても流入する貨幣の量がモノの増加に見合っていなければ、お金の増加量が不十分ということになり、やはりデフレになってしまいます。当時は現在のような統計も整備されていませんでしたので、「金融調節」という面では、スピードメーターのないクルマを運転しているようなものでした。

「マネーストック」と「景気」の関係

日本全体に存在する貨幣の量のことを「マネーストック」と言います。現在、マネーストックは日銀の発行した現金と、日銀当座預金と、すべての民間の金融機関が持っている預金の量を合計したものになります。マネーストックは民間の金融機関が貸し出しを増やすと増加し、貸し出しを減らすと減少します。

そのメカニズムは簡単です。金融機関は顧客から預金を預かることでまず口座残高の合計を増やします。そして、そのお金を貸し出す際に、貸出先の企業や個人が持っている自行の口座にお金を振り込むため、さらに口座残高の合計が増加するわけです。なんだかインチキのように聞こえますが、これこそが銀行の「信用創造」と呼ばれる機能なのです。簡単に図解しておきましょう（図3）。

X銀行にお金を預けている人が、一斉に現金を引き出さない限り、X銀行は潰れることはありません。仮に、B、C、D間に取引があった場合は、X銀行は口座間で電子データをやり取りするだけで決済を終えることができます。また、他の銀行とのや

図３　銀行の「信用創造」

実際の取引	銀行の内部処理	X銀行の預金残高合計
X銀行がAさんから100万円の預金を預かる	外部から100万円の入金	100万円
X銀行がBさんに100万円貸し出す	X銀行内にあるBさんの口座に100万円振り込み	200万円
X銀行がCさんに100万円貸し出す	X銀行内にあるCさんの口座に100万円振り込み	300万円
X銀行がDさんに100万円貸し出す	X銀行内にあるDさんの口座に100万円振り込み	400万円
X銀行がnさんにm万円貸し出す	X銀行内にあるnさんの口座にm万円振り込み	預金残高の合計がm万円増加

り取りがあった場合は、双方の銀行で取引を相殺し、もし不足分があれば一時的に日銀や他の銀行から借りてやり過ごせばいいわけです。

このようなメカニズムを背景として持つからこそ、銀行が融資に積極的になれば口座の残高は幾何《きか》級数的《きゅうすうてき》に増えてマネーストックが増加するのです。

マネーストックが増加すればそれだけ世の中にお金が行き渡り、景気は良くなります。景気が良くなれば、人々はお金儲けに励み、危険な思想は見向きもされなくなります。

しかし、マネーストックが増加するためには、ベースになるお金そのものが増加しなければいけません。現代の日本でいうと、お金を製造しているのは「日本銀行（日銀）」なので、日銀が積極的にお金を刷る姿勢を見せれば、銀行は安心してお金を貸し出すことができるわけです。

その反対に、日銀がお金の製造に消極的なら、将来的にお金不足が発生するリスクが増大するため、銀行は貸し出しに消極的になります。先ほど説明した通り、銀行は大勢の人が一気に預金を引き出すと潰れてしまうので、この件にはとても敏感です。

また一般の人々も、お金が将来的に先細りしそうだと予想すれば、当然今のうちにお金を溜め込んでおいたほうが得と考えます。そうなると、モノは売れなくなって物価が下がり、デフレになってしまいます。

このように、日銀のような貨幣を発行する「中央銀行」がお金の製造に積極的か、消極的かが経済の動向を決めているのです。ちなみに、世の中全体にあふれるお金を「マネーストック」と称するのに対して、その根幹をなす日銀がコントロールするお金のことを「マネタリーベース」と言います。

ざっくり言うと、日銀がコントロール可能な現金と日銀の当座預金の合計がマネタリーベースです。マネタリーベースの伸び率が高くなると、いずれマネーストックも増加し景気が良くなり、その反対にマネタリーベースの伸び率が低くなると、いずれマネーストックも減少して景気が悪くなります（図4）。実は中央銀行の金融政策の

図４　マネタリーベースとマネーストックの関係

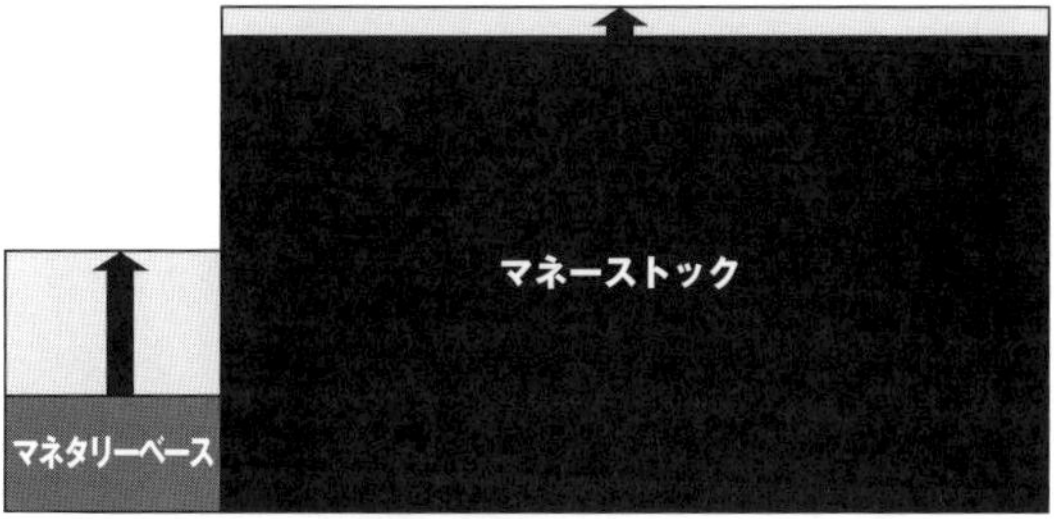

①マネタリーベースが大幅に増加する
②マネーストックが少し増加する
③景気が良くなる
※マネーストックは図体がデカいのでほんの少し増えるだけでも経済への影響は大きい。

スタンスが長期的な経済の方向性を決定していたのです。

室町時代の「経済のキーパソン」は〝寺社勢力〟

さて、同じ考え方で室町時代の経済状況を考察してみましょう。室町幕府は国産の貨幣を発行せず、輸入に頼っていました。それはつまり「貿易取引をすると貨幣が増える」という金融政策を行っていたのと同じです。貿易によって物理的に流入する銭貨はマネタリーベースと同じ働きをしていたのです。

貿易が活発化して銭貨が大量に流通するようになると、人々は将来的な貨幣の増加を見越して支出を拡大させます。お金が足らなければ借金をして消費や投資に回すというのは今も昔も変わりません。室町時代においても、土倉《どそう》（「とくら」ともいう）や酒屋などが金融業に勤しみ、現代的な意味でいう民間の金融機関の役割を果たしていました。彼らに元手になる資金を供給していたのは〝寺社勢力〟です。

そして、その寺社勢力こそが支那との貿易の担い手でした。留学僧が仏教の勉強をしていたというのはとても一面的な理解であって、むしろ「貿易のほうが本業だった」と思ったほうがいいかもしれません。寺社勢力がリスクを取って土倉に対する貸し出しを増やすことは、現在でいうところの「マネタリーベースの増加」と同じ効果がありました。土倉がその資金を使って貸し出しを増やすと、日本全体のマネーストックが増えて好景気になりました。

しかし、何らかの理由で貿易取引が滞って銭貨の流入が止まると、マネタリーベースの伸びが鈍化します。こういうときは資金の出し手がリスクを取らず、貸し出しの回収に走ります。その結果としてマネーストックも減少し、景気も悪くなるということになります。

室町時代の平均的な金利は月利８％です。これは単利で年換算すると年率96％にも及ぶ大変な高金利でした。ただ、農民は種籾《たねもみ》１粒から米粒を何十倍も収穫できることを考えると、それほど無理な金利でもなかったと言われています。
とはいえ、これだけ高金利の融資だと貸し剝《は》がしされたときの経済的なダメージは大きく、幕府の貿易政策の変更によって田畑を失う人が続出するという笑えない結果をもたらしました。

自国通貨が存在しない？ マネーから見た「日明貿易」の意義

日本史の授業で、「日明貿易」の主な輸入品の中に「銅銭」というのが含まれていたことに疑問を持った人はいるでしょうか。「なぜ日本の産品を外国の貨幣と交換するのか？」――、その理由はまさに、日本が当時貨幣を鋳造しておらず、さらに国内的には貨幣経済が発達して貨幣が不足していたという点にあります。

もちろん奈良時代から平安時代にかけて、日本には国産貨幣が存在しました。歴史教科書にある通り、和銅元年（708）に作られた「和同開珎《わどうかいちん》」から、958年の「乾元大宝《けんげんたいほう》」までに作られた12種類の国産貨幣（「皇朝十二銭」）です。

これらの貨幣は畿内など一部地域では流通していましたが、地方などでは貨幣としてよりも権威の象徴として使われることも多く、経済における〝貨幣〟という定義でいうとかなり微妙なものでした。

しかも、室町時代が始まる３００年も前の９８７年11月にこれら国産貨幣は利用停止となり、市場から消えました。かつては納税の際にこれらの銭貨が使われたという記録もありましたが、その後は次第に物納に逆戻りし、田畑の売買も米や絹で決済するようになってしまったのです。

これらの歴史的事実を勘案するに、皇朝十二銭は現代的な意味における貨幣にはなれなかったと考えざるを得ません。そもそも、当時の日本の技術では銅山を発見するのも困難であり、貨幣需要に応じて大量の銭貨を鋳造することができませんでした。

本当に貨幣と言えるレベルの国産のお金が登場するのは、天正16年（１５８８）に豊臣秀吉が鋳造を命じた「天正菱大判《てんしょうひしおおばん》」からです。流通という観点から言えば、おそらく徳川家康の時代（慶長６年／１６０１）から鋳造が始まる「慶長小判」を日本初の国産貨幣としてもいいでしょう。

よって、私たちが現代的な意味で使っている貨幣という定義に当てはまる国産貨幣は、江戸時代以前には存在しなかったと考えて差し支えありません。本書では「江戸時代以前の日本には国産貨幣が存在せず、外国からの渡来銭を貨幣として使用していた」ということで統一いたします。

なぜ貨幣を輸入に頼っていたのか

では、なぜ日本で貨幣の鋳造が行われず銭貨を輸入に頼っていたのでしょうか。この点については様々な理由が挙げられています。2009年に実施された日銀企画展「海を越えた中世のお金　〝びた1文〟に秘められた歴史」のパンフレットにそれらがわかりやすく整理されていたので抜粋してみました。次ページの図をご覧ください（図5）。

さて、国産貨幣が発行されないという状況は、現在「円」という自国通貨に慣れ親しんでいる私たちには理解するのが難しいかもしれません。とはいえ、現代においても自国で貨幣を発行していない国はたくさんあります。

一番有名なのは共通通貨ユーロを採用しているヨーロッパ諸国です。彼らは自国に中央銀行を持たず、欧州中央銀行（ＥＣＢ）という国際機関が発行する貨幣を使っています。かつての日本の状況はまさにこれです。誤解を恐れずに言うなら、「昔の日本は現在のギリシャだった」と思ってください。

ただ、室町時代の日本と現在のギリシャは似ているようで少し違うところがありま

図５　銭貨が受け入れられた理由
銭貨は、誰にとっても１枚＝１文の価値でわかりやすく、絹や米等の貨幣のように重さや量を計る必要がありません。また銭貨１枚（少額取引）や銭緡《ぜにさし》（高額取引）としても使用でき、たいへん便利でした。

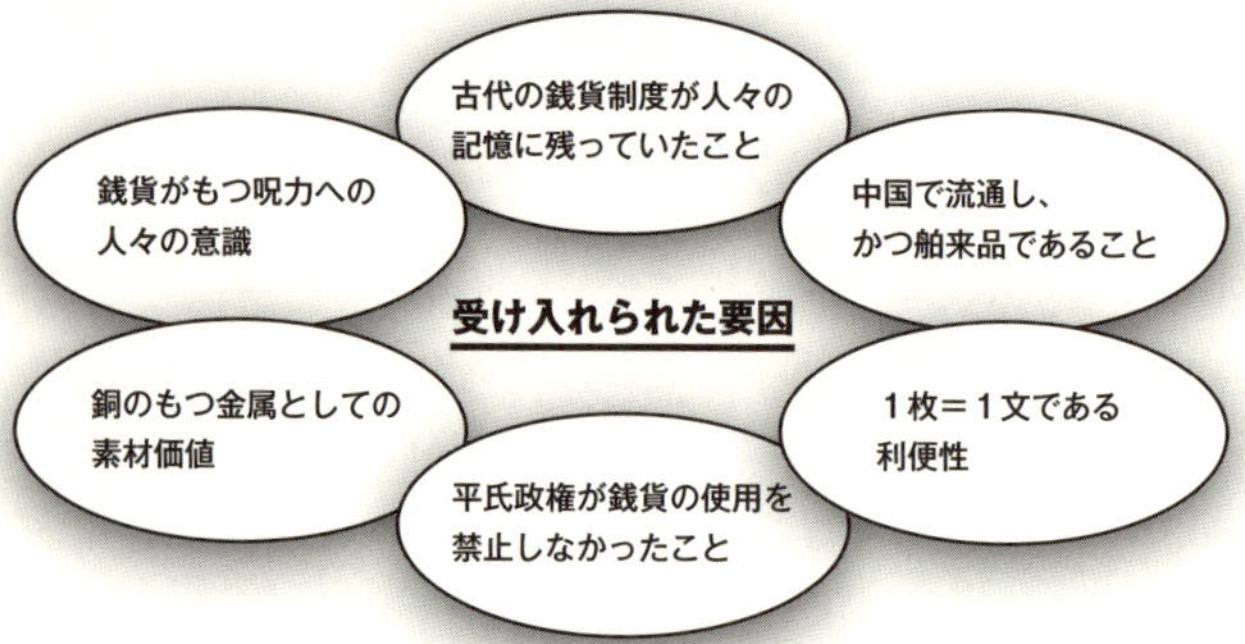
受け入れられた要因
古代の銭貨制度が人々の記憶に残っていたこと
中国で流通し、かつ舶来品であること
１枚＝１文である利便性
平氏政権が銭貨の使用を禁止しなかったこと
銅のもつ金属としての素材価値
銭貨がもつ呪力への人々の意識

出典：日銀企画展「海を越えた中世のお金 "びた１文" に秘められた歴史」
http://www.imes.boj.or.jp/cm/exhibition/2009/k_20091010.html

す。それは、国外で発行された貨幣をそのまま名目価値通り使うかどうかという点です。詳しく説明しておきましょう。

ギリシャの場合、1ユーロは国内でも1ユーロとして流通します。ところが、室町時代の日本は同じ銅銭でも支那国内で流通している価値とは別の価値で流通していました。

あえて喩えるなら、当時の日本は100ドル紙幣を勝手に1万円と読み替えて使っているのと同じです。2017年2月3日現在、1ドルはおおむね113円です。100ドルの円換算価値は1万1300円ですが、勝手に額面を読み替えて1万円の価値を持つ貨幣として流通させてしまうわけです。

現在、私たちが外貨を日本国内に持ち込む場合、銀行などで日本円に両替しないと使用することができません。しかし、この当時の日本では支那から持ち込んだ銅銭はそのまま国内で使用することができました。

しかも、海を渡った瞬間に自動的に日本での流通価値に「両替」されます。日本ではどんな種類の銅銭でも１枚１文として流通するという不変のルールが採用されていました。

また、米との交換レートについても鎌倉時代において、支那では銅銭１貫文（１貫文＝１０００文）当たり米０・５石で交換されていましたが、日本では銅銭１貫文当たり米１石という固定レートを採用していました。

当時の日本人は、「支那の貨幣発行に便乗しつつ、貨幣価値は独自基準を適用する」という極めて賢いやり方で対応していたのです。これはかつて漢字を輸入して独自の使い方をしていたのに似ています。

ちなみに、この為替レートの差についてもう少し細かく考察してみましょう。実は、鎌倉時代に決めた１貫文当たり１石という固定レートはそう長く維持することができませんでした。『日本米価変動史（中沢弁次郎）』によれば、飢饉や干ばつなどで米が大幅に不足しない限り、１貫文当たり米２石（１石当たり換算なら０・５貫文）ぐらいが当時の相場です。

支那で使われていた宋升は一升が670㎖(1石＝100升＝67ℓ)であったのに対して、平安時代の代表的な日本升である宣旨升《せんじます》は一升が1129㎖(1石＝100升＝112・9ℓ)でした。この点を修正して、銭貨の実勢レートを求めてみましょう。

支那…銭1貫目当たり0・5石
　＝宋升50升(670㎖×50＝33500㎖＝33・5ℓ)

日本…銭1貫目当たり2石
　＝宣旨升200升(1129㎖×200＝225800㎖×＝225・8ℓ)

支那では銭1貫文当たり米33・5ℓしか買えないのに、日本では銭1貫目当たり225・8ℓもの米が買えます。その差は6・74倍に及びます。なぜこんな大差がついたのか。その理由は当時の日本の金融政策にあります。

当時の日本は国産貨幣を発行せず、実体経済の発達に比べていつも貨幣が不足ぎみだったため、銅銭の価値を7倍ぐらいにして調整しないと国内のモノとお金のバランスが取れなかったのです。簡単に言うと、中世の日本はモノよりも輸入される銅銭のほうがずっと貴重だったので、人々はいつもモノよりもお金（銅銭）を尊ぶ「デフレ期待」を抱いていたのでした。この状態は宋銭の流入が始まった平安時代末期から、明銭が流入した室町時代を経て、江戸時代が始まる直前まで続きました。ただし、基本的な経済状態はデフレ基調ですが、足利義満の頃のように貿易が盛んになって銅銭の流入が増えるとデフレ基調が大幅に緩んで景気が良くなることもありました。

これを貿易面で見てみましょう。「同じ額面の銅銭でも国境を越えた瞬間にその価値が7倍に跳ね上がる」という点がとても重要です。百姓（農民とは限らない）は危険な航海も顧みず、なぜ支那と交易したのか。日本から産品を運び、支那で銅銭と交換して持ち帰れば、その価値は単純計算で約7倍になったのですから、これはオイシイ取引でした。

経済はインセンティブで動きます。海で難破して死ぬリスクと、最低でも7倍儲かるリターンを天秤《てんびん》にかけて「これならイケる！」と考えた人がいても不思議ではありません。まして、当時の日本には今のような学校教育はありませんでした。

現在、小中高12年間の教育で子供たちには「安定した職業に就きなさい」という洗脳がなされます。その結果、リスクを計算できない人、さらにはそれを極端に怖がる人が増えています。いわゆる「放射脳」と言われる人々や、「戦争法案」とか言って国会前でバカ騒ぎをしていたごく少数の若者たちなどはまさにこれです。彼らは学校教育のかわいそうな犠牲者と言えるでしょう。

ところが、中世の日本にはそういう教育はありませんでした。現代の日本人と違って、昔の日本人はかなりの「リスクテイカー」だったのです。

はるか昔から、博多は「国際都市」だった

支那との交易はそれこそ邪馬台国《やまたいこく》の時代からありましたが、銭貨の流入という点で考えると、平安時代末期の「日宋貿易」辺りから考えるのが妥当です。元寇《げんこう》など日本と支那の政府の間では対立もありましたが、民間貿易が途絶えることはありませんでした。なぜなら、それは莫大な富をもたらしたからです。

例えば、鎌倉時代には日宋貿易によって現在の福岡県にある博多や箱崎がすでに国際都市になっていました。

博多ならびに箱崎にも唐房（大唐街）があった。明時代の日本ガイドブック（『武

備志』）に「箱崎は、博多津のひさしの先で、そこに大唐街がある」とある。当時石堂川（御笠川）はいまの位置にはなく（戦国時代の掘削）、博多も箱崎も地続きだった。日宋貿易といえば博多を考えるが箱崎の役割も大きい。大韓民国全羅南道、新安沖の海から沈没船が引き上げられた。中国大陸を出た船が嵐で朝鮮半島にまで流されて沈没した。荷札には「筥崎」、「釣寂庵」、「至治参年」（一三二三）、「東福寺」などとあった。博多の禅宗寺院と並び、箱崎が重要な役割を果たしている。

建保六年（一二一八）前後の箱崎宮には「宋人御皆免田」が二十六町設定されており、ふつうの年貢は免除されたが、代わりに高価な大唐絹を納めた。箱崎に田は少ない。各地の田を宋人にあてがい、国産絹五倍の値段の大唐絹を納めさせた。

（出典：日宋貿易の実態―「諸国」来着の異客たちと、チャイナタウン「唐房」―／服部英雄／２００５　http://catalog.lib.kyushu-u.ac.jp/handle/2324/17776/p33-64.pdf）

そして、１３３３年に鎌倉幕府が滅亡し、日本は室町時代に入りました。支那では１３６８年、元朝が北のモンゴル高原まで撤退し、代わって明朝が成立します。日本と支那の権力交代によって、14世紀の終わりごろから両国間の交易がますます活発化するようになりました。特に新たに成立した明朝が山賊や海賊の取り締まりを目的として貿易秩序の整備に力を入れたことが大きかったようです。

一四世紀半ばのユーラシアでは、天災や飢饉があいつぎ、疫病が大流行して人口が激減した。経済活動が沈滞して長距離交易がおとろえ、政治的混乱や戦乱があいついだ。この「一四世紀の全般的危機」のただなかの一三六八年に、明朝の洪武帝は中国を統一した。〈中略〉

洪武帝は積極的に周辺諸国に使節を派遣し、明朝への朝貢をうながした。一方で洪武帝はくりかえし海禁令を発布して治下の人びとの海外渡航をきびしく禁止し、一三七四年には海外貿易の窓口だった市舶司も廃止してしまった。こうして一四世紀末には、明朝の対外貿易は朝貢にともなっておこなわれる国家貿易だけに限定され、明朝政府が外交と貿易を独占する「朝貢／海禁体制」が成立したのである。

（出典：『海から見た歴史』羽田正・編／東京大学出版会）

義満が日明貿易を開始した1401年ごろは、まさにこの「朝貢／海禁体制」の真っただ中にありました。交易を朝貢だけに「制限した」と聞くと、明朝が貿易に消極的だったように聞こえますがそれは誤解です。1402年に永楽帝が即位すると、明

図６　明朝の長距離交易

	地域	朝貢国	朝貢ルート
海南アジア	東アジア	朝鮮王朝	遼東：鳳凰城（山海関経由）
		日本（室町幕府）	浙江：寧波市舶司
		琉球王国	福建：泉州市舶司
	東南アジア	ベトナム（一時併合）	広西：鎮南関
		大陸部・島嶼《とうしょ》諸国	広東：広州市舶司
	インド洋	インド・西アジア・東アフリカ	広東：広州市舶司
内陸アジア	北アジア	モンゴル・オイライト	山西：大同（居庸関経由）
		ウリャンハ三衛	北直隷：喜峰口
		ジュシェン（建州・海西・野人）	遼東：開原（山海関経由）
	中央アジア	東西トルキスタン・西アジア	ハミ（嘉峪関経由）
	西海高原	チベット・アムド・カム	陝西・四川
		西南土司・土官	四川・雲南・貴州・広西など

出典：中島楽章「14-16 世紀、東アジア貿易秩序の変容と再編」『社会経済史学』76 巻４号

朝は鄭和《ていわ》の南海遠征や内陸アジアとの長距離交易などを盛んに行うようになりました。それがどれぐらいのスケールだったのかを確かめてみましょう。上の表をご覧ください（図６）。

明朝は当時の東アジアほぼ全域と交易をしていたのです。日本から見れば日明貿易という二国間関係のように見えてしまいますが、実際に明朝がやっていたことは支那を中心とした多国間の「国際貿易秩序」の構築でした。義満が始めた日明貿易とは、実をいうとこの「国際貿易秩序」への参加に他なりません。

明朝は「国際貿易秩序」を通じて自国で鋳造した銭貨を大量にばらまきました。大量にばらまかれた支那の銅銭はまさに

当時の〝基軸通貨〟です。2016年、中華人民共和国の通貨である人民元が悲願のＩＭＦ（国際通貨基金）の「ＳＤＲ（国際決済通貨）」入りを果たしました。しかし、明朝は約600年も前に、自国通貨を現在の米ドルのようなポジションに押し上げていたのです。

「朝貢」は支那王朝にとっては罰ゲーム!?

朝貢貿易は朝貢国が明朝に献上する進貢品と、その見返りとして与えられる下賜品の交換によって成立します。朝貢とは、偉大なる明朝の皇帝陛下が下々の国に、お恵みを下さるという建前ですから当然です。これは朝貢する側の国にとっては一見屈辱的な取引ですが、実際のところはその逆でした。実は朝貢する国よりも、朝貢される国に多大な財政負担を強《し》いるのが朝貢貿易だったのです。

なぜそうなるのかは簡単です。徳の高い明朝の皇帝陛下はもらったものの3倍返しは当たり前でしたから。巷《ちまた》の噂で「暴力団からお金を借りると3倍返し」というのがありますが、朝貢体制というのは支那の皇帝による「一人逆暴力団」だったと言ってもいいでしょう。

この朝貢貿易（日明貿易……筆者注）は、莫大な利益をもたらした。当時の貿易船は千石積み（100トン）前後の大きさであったが、従属国から宗主国への朝貢であるから、関税はなく、義満の使節やその随行者である商人の滞在費など、一切の費用は、明朝の負担であり、朝貢品にたいしては、賜与という名目で、価格以上の代価が支払われたうえ、携えてきた物資の交易すらみとめられたから、一回の渡行で、元本の五・六倍の利益があったとされている。

（出典：『永楽帝』寺田隆信／中公文庫）

3倍どころか、6倍！　ここまでくるともはや罰ゲームのレベルです。明朝皇帝はそこまでしていったい何を得たかったのでしょうか。実は、朝貢貿易には、もうひとつのメリットがあったのです。

それは使節や随行の商人たちが「手荷物」として大量の商品を持ち込み、現地の商人と取引をすることにあります。これは「互市」とよばれ、明朝政府の管理下で民間商人同士が自由に売買するマーケットでした。「互市」はあくまで「朝貢なくして互市なし（貢市一体）」という建前の下に開かれる自由市場でしたが、歴史が下ると朝貢よりもむしろ互市がメインになっていきます。なぜなら、明朝の大盤振る舞いは長くは続かなかったからです。

「小氷期」と「明朝の貨幣政策」

次のグラフ（図7）は樹木の年輪幅から推計した西暦800年以降の東アジアの夏季平均気温の推移を表したものです。14世紀半ばから19世紀半ばにかけて、地球は「小氷期」を迎え、全体的に寒冷な気候が続いたと言われています。確かに、小氷期は気温が低いレンジの中で上下動しています。このグラフを見ればわかる通り、「暖かくなる時期」と「寒くなる時期」が交互に訪れていたようです。

グラフをよく見ると、ちょうど明朝が朝貢貿易を活発化させる1400年から1430年ごろまでの間は温暖化が進み、その後1430年から1460までが寒冷化していることがわかります。ちなみに、「応仁の乱」（1467年）は寒冷化の大底のときに発生していたようです。また、この図にはありませんが、それからかなり先、ちょうど織田信長が台頭する1500年代半ばごろも寒冷化進み、江戸時代が始まる直前までそれが続いたことが見てとれます。

図７　年単位のアジアの平均気温

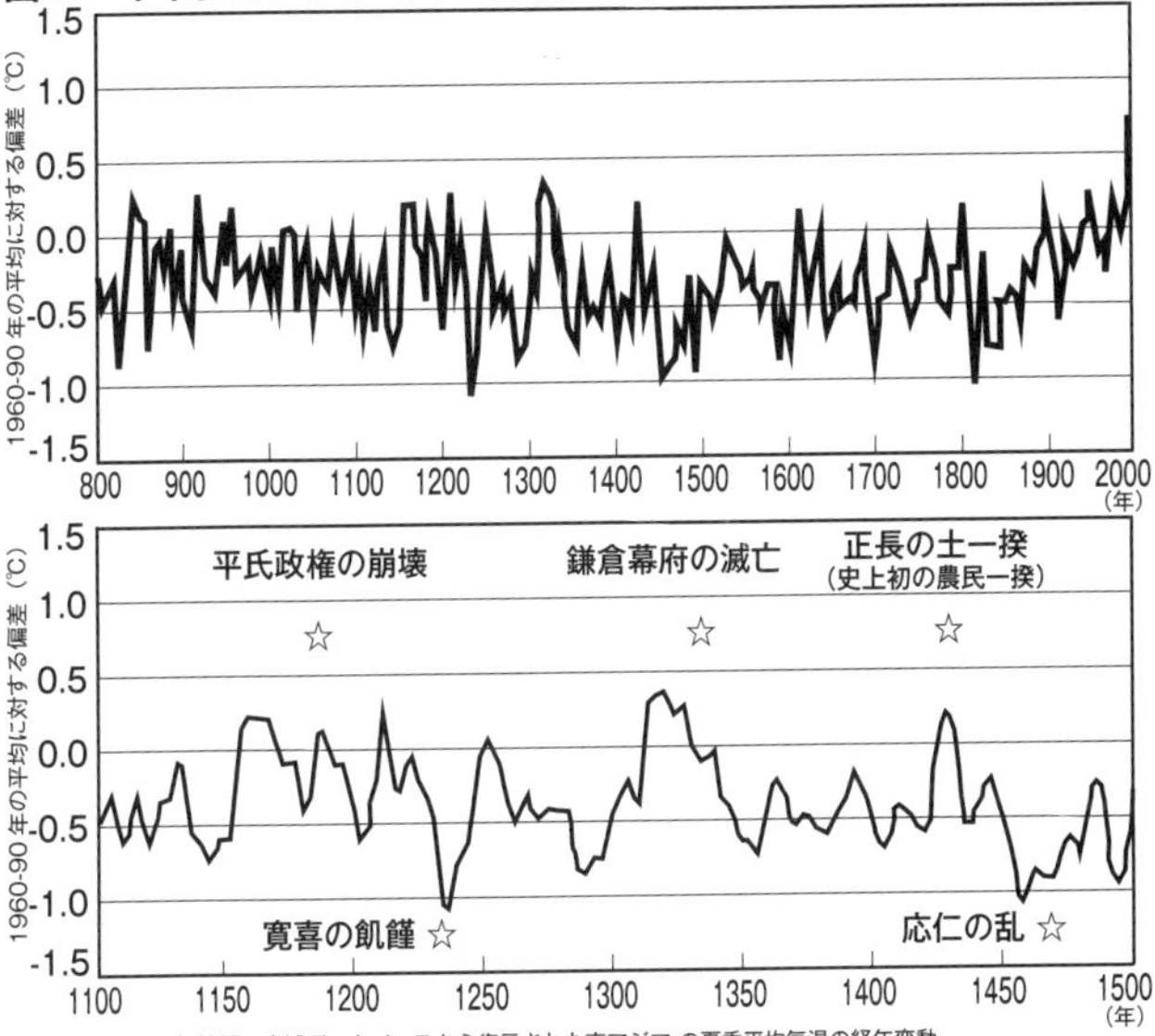

出典：樹木年輪幅の広域データベースから復元された東アジア の夏季平均気温の経年変動
https://www.teikokushoin.co.jp/journals/history_world/pdf/201501g/05_hswhbl_2015_01g_p06_07.pdf

明朝が支那大陸全体に交易を活発化させた当初は温暖化による農業生産の安定化の恩恵を受け、税収増によって朝貢貿易の大盤振る舞いを支えることができました。

ところが、１４３０年ごろから寒冷化が始まると、逆回転が始まります。それは「朝貢／海禁体制」の動揺となって広がりました。

支那大陸では飢饉や天災が起こり、各地で明朝への反乱が相次ぎます。そして、さらに１４４９年にはオイラート族の侵入で正統帝が捕虜になるという大事件（「土木の変」）が起こりました。明朝には大盤振る舞いをしている余裕がなくなってしまったので、貿易も縮小せざるを得ません。

これによって明朝の対外政策は完全に守勢に回り、海域アジア諸国との朝貢貿易もつとめて抑制するようになった。このころにはインド洋からの朝貢はほぼ途絶し、東南アジアからの朝貢も大幅に減少して、日本の朝貢も10年に1回に制限されている。こうした朝貢貿易を補っていたのが、明朝と東南アジア・日本を結ぶ琉球王国の中継貿易であったが、一四六〇年代からは、琉球の朝貢貿易までもが縮小に向かう。

（出典：『海から見た歴史』羽田正・編／東京大学出版会）

確かに、明朝が財政難に陥った大きな理由のひとつは、寒冷化による農業生産量の低迷でした。しかし、私はもうひとつの原因について注目します。それは、誤った金融政策です。支那では明朝が成立するはるか前の北宋時代に銭貨の原料である銅を掘り尽くしていました。そのため、明朝の前の王朝である元朝においても、銅銭は不足気味となっていました。そこで、苦肉の策として元朝では貨幣不足を補うために紙のお金（紙幣）が発行されていたのです。

もちろん、当時は経済統計などが整備されていなかったため、物価上昇率を見ながら紙幣の発行量を調整するといった現代的な金融政策はできません。当時の中央銀行は政府に言われるがまま、テキトーに紙幣を発行していました。そのため、元朝末期において際限のない紙幣発行が激しいインフレを招き、民衆の不満が爆発したと言われています。元朝が大都（北京）を捨ててモンゴル高原に撤退せざるを得なかったのは、おそらく金融政策の失敗に大きな原因があると私は考えます。

不換紙幣「大明宝鈔」の登場

新しく成立した明朝においても銅の不足は如何ともしがたい問題でした。明朝も当初は銅をかき集めて銭貨を鋳造しましたが、旺盛な貨幣需要に応えることはできず、結局元朝と同じように１３７４年に「宝鈔提学司」という中央銀行と造幣局に当たる機関を設立し大明宝鈔《だいみんほうしょう》という紙幣を発行することになりました。この紙幣はいわゆる「不換紙幣」で、金、銀、銅との兌換《だかん》ができません。

私たちが現在日本で使っている「円」は「日本銀行券」であり、これも不換紙幣です。政府の信用だけで流通しているお金という点では、大明宝鈔は現代の紙幣とまったく変わらないお金でした。これは貨幣史的にも画期的な政策であり、もしこの政策をうまく切り盛りしていれば明朝は滅びなかったかもしれません。

そこで、大明宝鈔を用いた金融政策がどのようなものであったのかを評価するために、次の文献史料から物価上昇率を試算してみました。

明王朝の法定貨幣が、銅銭を除いては大明宝鈔という紙幣であったことはよく知られている。特に明初には、低額の銅銭は別として、鈔の積極的な流通が図られた。当時盛んになりつつあった銀の使用を禁止し、一方的に強権を発動して鈔の流通を促したのである。〈中略〉

ところが、このような国家方針にもかかわらず、民間では鈔と銭との比価に大きな差が生じてきた。根本的な原因は、大明宝鈔が最初から不換紙幣として発行されたこと、つまり国家の保証だけで流通させようとした点にあった。いわば管理通貨制度によって鈔法を運営しようとしたわけだが、これが必ずしも成功しなかったわけである。鈔の価値は、発行後まもない頃から下落の傾向を見せ始める。例えば、洪武二十三年（１３９０）段階では、民間の相場は鈔１貫が銅銭二五〇文であり、これは鈔法制定当時の鈔一貫＝銅銭一〇〇〇文に比べて、鈔の価値は四分の一に下落したことを意味する。対する明朝はあくまでも最初の比価を堅持して、公定相場を鈔一貫＝銭一〇〇〇文に据え置こうとしている。しかしその努力も効果なく、鈔の価値は下落する一方で、洪武二十七年にもなると、鈔一貫は銭一六〇文の価値しかもたなくなったのである。〈中略〉

永楽五年（一四〇七）の記録によると鈔と米との比価では国初の三〇分の一、銀との比価では八〇分の一にまで下落している。王朝の意図に反して、鈔の価値は持ち直すことができなかったことになる。〈中略〉

洪武の末から永楽の初めにかけて、鈔の価値が暴落したことはすでに述べたが、これは続く洪熙・宣徳に至ってさらに拍車がかかる。米との比価を見るならば、国初の四十分の一から七十分の一にまで落ち込んでいるのである。このような急激な価値下落は、いうまでもなく鈔の信用がなかったこと、つまり不換紙幣であった点にその原因が求められる。すでに永楽の頃から『実録』の中に、しばしば「鈔法不通」という語句が現れるが、当時の人々にとって社会的問題となっていたことが知られよう。

（出典：『初期明王朝の通貨政策』檀上寛／東洋史研究／１９８０／39（３）：５２７）

556）※傍線は筆者による

この文献の筆者である壇上氏は、明朝は当初設定した大明宝鈔1貫＝銅銭1000文（1貫文）という名目レートを維持しようとしてそれが果たせなかったことを問題視しているようです。明朝は「大明宝鈔」暴落を阻止しようと1394年に銅銭の使用までも禁止していますが、その価値は一向に上昇しなかったことは事実です。確かに、名目レートの30分の1とか80分の1しか価値がないと言われれば、「大明宝鈔」が大暴落したような印象を受けます。

しかし、通貨価値が下落しているということはインフレが起こっているということです。経済学の知見に基づけば、少なくともデフレが起こるよりはずっとマシなはずです。そこで、この文献に出てきた数値を表計算ソフトに入力し、年率換算のインフレ率を求めてみました。次の表をご覧ください（図8）。

先の文献が指摘している「大明宝鈔の大暴落」とはかなり違った印象になりませんか？　明朝が最も激しいインフレに見舞われたと推定される1374年から1407年にかけてのインフレ率は、2008年から2013年にかけてのインドのインフレ率より少し高い程度です。

図８　年率換算のインフレ率

年代	鈔の減価率（明朝のインフレ率）
1374-1390年	9.1%
1391-1394年	11.8%
1395-1407年	12.8%
1408-1424年	1.7%
1425-1435年	5.2%

インドはつい最近までインフレ率が９％台後半で10％に限りなく近い数字でした。同時期の実質経済成長率は平均で約７％に達しています。まさに伸び盛りの新興国というやつです（次ページの図９参照）。

トルコやブラジルなどのインフレ率もインドとほとんど変わりなく、これから大きな成長が期待される新興国にとってインフレ率10％というのは特段高い数値ではありません。

明朝成立当初（１３７４−１４０７年）のインフレ率は平均で11・２％であり、現在の新興国の基準に照らしてみても決して激しいインフレとは言い切れません。

図９　インドの物価上昇率と実質経済成長率

	物価上昇率	実質経済成長率
2008年	9.20%	3.89%
2009年	10.61%	8.48%
2010年	9.50%	10.26%
2011年	9.54%	6.64%
2012年	9.94%	5.62%
2013年	9.44%	6.64%

出典：「IMF」HP

明朝、経済官僚の失策

ところが、明朝の経済官僚は経済の掟を理解していませんでした。当初設定した大明宝鈔1貫＝銅銭1000文（1貫文）という名目レートを守ることが国益だと勘違いしていたのです。これこそが痛恨のミスでした。明朝はこの間違った目標に向かって全力で政策を動員してしまったのです。

流通している鈔を回収する動きは明朝が絶好調だった1404年から始まっています。この年の8月に実施された「戸口食塩法」は、国民に強制的に食塩を配給し、その代金として鈔を納めさせるというものでした。しかし、戸口食塩法は「開中法」という明代の塩専売制度との兼ね合いで、実際に給塩されたのは塩の産地と北京、南京の周辺だけで、あまり効果はなかったと言われています。

しかもこの威令が全国的に浸透したのはおそらく永楽より後のことで、少なくともこの法を布達した永楽朝では、積極的な対外政策や北京建都に莫大な費用を要するなど、回収額をはるかに超える鈔の発行額に上ったのではないかと推察される。

（出典：前掲書）

ところが、宣徳帝の時代の１４２９年から、鈔の回収が積極的に行わるようになりました。貨幣を回収するということは、マネタリーベースを減らすことと同義であり、デフレを誘発します。もちろん、景気にはマイナスです。

明朝の経済官僚にはそんな知識はまったくありません。彼らは、良かれと思って当初の名目レートから大幅に乖離《かいり》した鈔の価値を強引に戻そうとしたのです。

具体的な施策は次の通りです。

①全国重要三十三都市の門攤税を、洪熙朝の五倍に増額する
②搨房、庫房、店房などの倉庫業者に対する課鈔
③驢騾《らば》等の馬車や牛車・小車などの運搬業者に対する課鈔
④北京より南京に至る運河の要衝に鈔關《しょうかん》を設置し、通行船舶に対して課鈔する
⑤その他、官僚等の果樹園や菜園に対する課鈔
（出典：前掲書）

現代風に言えば「大増税を行った」ということです。日本では2014年4月に消費税が増税され、その後消費の低迷が長く続きました。消費税が5%から8%に増税されただけであれだけのインパクトがあったわけですから、明朝が行ったこれらの「財政タカ派」政策が当時の経済に大打撃を与えたことは想像に難《かた》くありません。

先ほどのデータをグラフ化してインフレ率の推移を見てみましょう（図10）。

1407年ごろまでと、それ以降の経済政策では明らかにレジーム転換していることがわかります。1407年まではインフレ容認でしたが、それ以降徐々に引締め傾向が強まり、物価上昇率は大幅に縮少してしまったのです。これに先ほど述べた気候変動による寒冷化が重なり、明朝の台所事情はますます苦しくなっていったのでした。

図10　鈔の減価率（明朝のインフレ率）

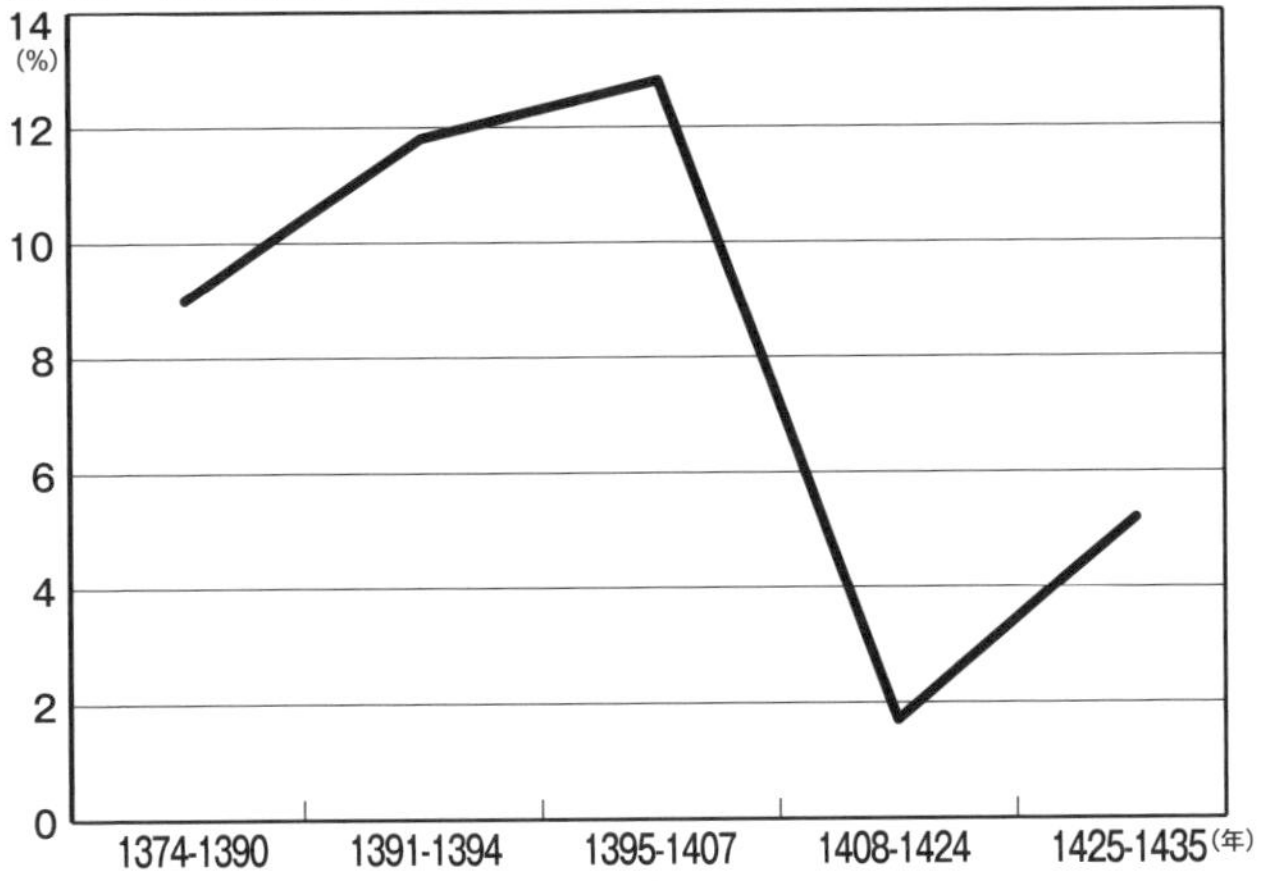

明のデフレが日本に与えた影響

明朝の大増税はデフレを誘発して却って財政悪化を招くという皮肉な結果に終わりました。しかも、明朝は朝貢貿易の回数を制限するなどのさらなる緊縮政策に走り、景気は袋小路に入ります。

日本の財務省はデフレ不況下でも消費税の税率さえ上げれば１％当たり２・５兆円増収すると吹聴しますが、それが嘘であることは７００年も前に立証されていたということです。いつの時代も、税率を上げて不況になれば経済の規模が縮小し、却って税収は減ってしまいます。

彼らが受験勉強で学んだ歴史の知識はま

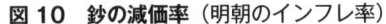

ったく生かされていないようです。

さて、こうなるとそれまで順調に流入していた渡来銭が、このときを境にあまり日本に入ってこなくなります。自動的に日本のマネタリーベースの伸びは縮小し、景気が悪化します。当然、室町幕府の政権基盤も不安定化してしまいます。

次のグラフは銅銭の発行残高を王朝別に比べたものです（図11）。このグラフから支那では北宋から南宋にかけての時代で銅を掘り尽くしていたことがわかります。明朝の緊縮政策以前に、物理的な銭貨の枚数が減少の一途だったということも押さえておきましょう。

増税、デフレ、気候変動による災害が重なれば、それに不満を持つ人々の怒りが爆発します。

昔はその怒りを投票によって表明することができなかったので、反乱を起こして暴れるしか方法がありませんでした。明朝はその鎮圧に当たりますが、軍を動かせばその分財政支出が増加して、財政がどんどん苦しくなりました。この悪循環の下で朝貢貿易の大盤振る舞いを続けるのは無理だったわけです。

図 11　中国各王朝の年間鋳造額（ピーク時）の比較

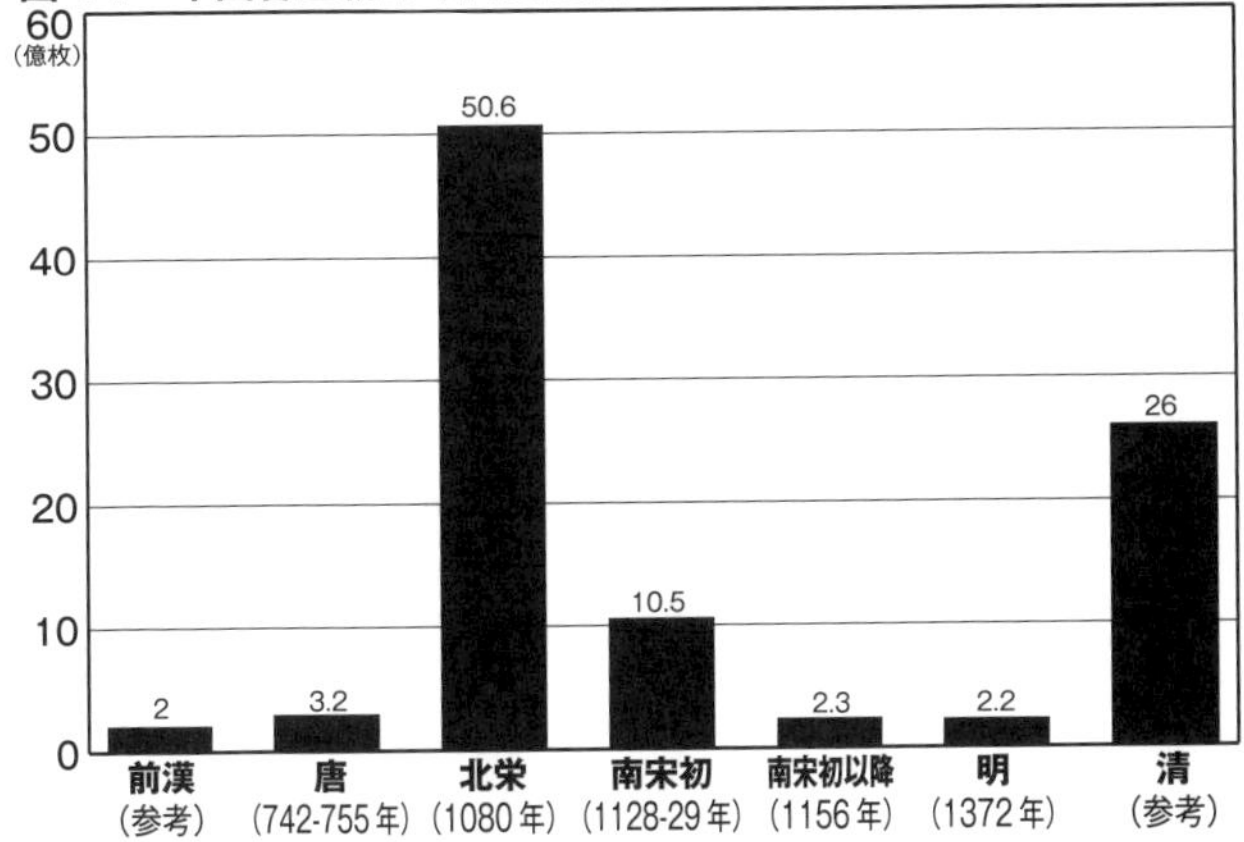

出典：日銀企画展「海を越えた中世のお金 “びた１文” に秘められた歴史」
http://www.imes.boj.or.jp/cm/exhibition/2009/k_20091010.html

「国際金融のトリレンマ」という経済の掟

前述した通り、人間は２％ずつ賢くなりモノの生産量は増えていきます。ましてこの時代はもともとの分母が小さい時代であり、ちょっとした技術革新が大きな生産の増加をもたらしました。余剰生産は交換されることで初めてその価値を生じます。交換を活発にするためには物々交換では効率が悪すぎてダメです。

例えば、ある人が竹を持っていて、それを米と交換したいと思っていたとしても、米を持っている人はミカンと交換したいと思っていれば売買不成立です。

もし、貨幣が存在すれば、竹を貨幣と

交換し、そののち貨幣と米を交換すればいいわけです。物々交換よりもずっと簡単に売買が成立します。貨幣というのはモノの価値を表す尺度であると同時に、取引を媒介するための手段でもあるのです。

ところが、渡来銭の流入が減少すると、交換手段が欠如して日本国内における取引も滞ることになります。現在でもアメリカの金融政策が変更されると中南米諸国が大きな影響を受けますが、当時の日本も支那の経済政策の失敗が銭貨流入の減少という形でダイレクトに国内に波及するという状態でした。

ちなみに、この状況をうまく説明する経済の掟があります。それは「国際金融のトリレンマ」です。「国際金融のトリレンマ」とは以下の3つのうち、2つを達成すると残りの1つは達成できないという絶対に逆らえない経済の掟です。

〔国際金融のトリレンマ〕

①　固定相場制
②　金融政策の自由
③　資本取引の自由

室町時代は銭貨を輸入して銅銭１枚１文という固定レートを採用していました。これは典型的な固定相場制です。銭貨の輸入は自由でしたので、資本取引は自由ということになります。ということは、必然的に金融政策の自由を失っていたのです。

〔国際金融のトリレンマからみた室町時代の日本〕

①　固定相場制…○
②　金融政策の自由…×
③　資本取引の自由…○

金融政策の自由とは、「自由に貨幣を発行する権利」と言い換えることができます。通常、国家はこの権利を使って、自国にとって最適な貨幣発行を行うことでモノとお金のバランスを取ることができます。モノとお金が最適のバランスを保てば、その国の経済パフォーマンスは最大化し、人々はより早くより豊かになることができます。
ところが、室町幕府は国産通貨を発行しなかったばかりに、金融政策は支那の経済政策を追随するしかありませんでした。当時の日本は、実体経済の成長に合わせて、貨幣量を増やすことができなかったです。

とはいえ、回数を制限されてもまだ貿易が続いているうちはマシでした。最悪なのは、時として日明貿易を中断してしまう場合です。これをやったのは足利義持《あしかがよしもち》でした。貿易を止めたからといって、国産の貨幣が発行されるわけではなかったので、この時期の日本経済のデフレ基調は強まりました。

結局、自国で貨幣を発行しそれを流通させない限り、日本経済は支那経済の影響下から独立することはできません。その部分に手を付けず、しかも日明貿易を中断して銭貨の流入が止まれば、国内はお金不足になって激しいデフレに見舞われることになります。もちろん、義持は国際金融のトリレンマなど知る由《よし》もなかったので、この政策が日本経済に破壊的なダメージをもたらすとは思わなかったでしょう。

＊

ちなみに、現代の日本は変動相場制ですので「国際金融のトリレンマ」から見ると以下のようになります。

〈国際金融のトリレンマから見た現代の日本〉

① 固定相場制…×

② 金融政策の自由…◯

③ 資本取引の自由…◯

今の日本は望ましいインフレ率（年率２％）を実現するために金融政策を自由に使うことが可能であり、海外と活発な交易をするために資本取引は自由化されています。その結果、為替レートは常に変動するという状態を受け入れる必要があります。海外旅行で円を外貨に両替するとき、行きと帰りで為替レートが異なるのはそのためです。

第2章　室町幕府の財政事情

名を取るか？ 実を取るか？——足利義満の選択

本章では、少し時計の針を戻して、中世日本の政治経済の状況について述べてみたいと思います。

前述の通り室町時代の支那には明朝があり、これと貿易するためには「冊封《さくほう》された周辺諸民族の王が大明皇帝に朝貢する形式」を取る必要がありました。そのため日本が支那と交易するためには、室町幕府の将軍が明の皇帝から「日本国王」として冊封を受けた体裁を取る必要があったのです。

貿易とはいえ、あくまでも明の皇帝に対して日本国王が朝貢し、その見返りに明の皇帝が頒賜物《はんしぶつ》を日本に与えるというのが建前でした。

室町幕府の3代将軍足利義満は「南北朝の争い」を平定し、日本国内の支配権をより強固なものとしました。そして、さらなる権力の強化のために、豊富な資金力を必要としていました。そんな義満が「明の皇帝に頭を下げるだけで大量のお金をもらえるというオイシイ話」を聞いたらどうでしょう。間違いなく飛びつくに決まっています。

義満は１４０１年、明の皇帝に対して臣下の礼を取って日本国王に封ぜられ、「日明貿易」を開始します。その結果、大量の銭貨が流入し日本の貨幣経済は大いに潤いました。歴史の時間に「足利義満の頃に北山文化が栄えた」と習ったことの背景には、「マネタリーベースの増加」という経済現象があったのです。

当時はＧＤＰの統計がありませんので、経済成長率の推移を見ることはできません。しかし、これら北山文化に代表される大規模な公共工事を実施できたということを勘案すれば、経済的には良好だったことが推察されます。

ちょうどこの頃、明朝では紙幣「大明宝鈔」を普及させるため銅銭の使用を禁じる政策（１３９４年）を打ち出していました。「流通停止」となった銅銭を大量に引き取る商売をするのに、とてもタイミングがよかったのかもしれません。

ただし、義満の「冊封された周辺諸民族の王が大明皇帝に朝貢する形式の貿易」という土下座外交に対して、国内では異論が多数ありました。しかし、義満の政治的なパワーの前では誰もが沈黙を余儀なくされ、義満存命中これに文句をつけられる人は誰もいませんでした。

室町幕府の将軍といえば、戦国時代でおなじみの足利義昭のように脆弱《ぜいじゃく》な権力基盤のうえで形式だけ偉いみたいなのを想像しますが、実際にはかなり強固な官僚組織を持ち、後に織田信長もその抵抗に大いに苦しめられました。その中でも特に3代将軍義満は守護大名や寺社勢力などのバランスを取るのが巧みで、権力基盤はかなり強固でした。

「経済の低迷」が「政権の求心力」を低下させる

おそらくその理由は、義満が日明貿易で巨万の富を得ていたからです。なぜなら、日明貿易を押さえることは、事実上の中央銀行を手中に収めることに等しかったからです。これは単なる貿易利権ではなく、貨幣の発行権を押さえるという重大な意味がありました。

しかし、義満が死ぬと揺り戻しが起こります。やはり日明貿易は屈辱的な「土下座外交」として問題視されるようになりました。そして、4代将軍の足利義持は、日明貿易を1411年に一時停止してしまうのです。これは極めて愚かな選択でした。自らの権力の源泉である日明貿易を停止するなど、室町幕府の政治権力を弱めることに他なりません。リーマンショックの真っただ中で金融緩和をかたくなに拒否した当時の日銀総裁の白川方明《しらかわまさあき》と同じく、この行為は権力者の自傷行為だったのです。

もし仮に日明貿易を停止するのであれば、あらかじめ国産の貨幣を発行して流通させておくべきでした。しかし、義持がそんな経済の掟を知る由もありません。日本史の授業で習った通り、義持の時代から室町幕府の政治的なパワーは衰退の一途をたどりました。

また、義持の時代には反乱が相次ぎます。日明貿易を中断した１４１１年には、最後の南朝系といわれた後亀山上皇《ごかめやまじょうこう》の吉野入りに呼応して各地の隠れ南朝系勢力が一斉蜂起しました。１４１５年には河内で楠木一族が、伊勢では北畠満雅《きたばたけみつまさ》が相次いで反乱を起こし、１４１６年には関東管領の上杉禅秀までもが反乱を起こしました。

さらに悪いことに、上杉氏を鎮圧した鎌倉公方足利持氏《あしかがもちうじ》と戦後処理を巡って義持は対立します。さらに、このことで将来に大変な禍根を残してしまいました。景気の先行きが明るく、みんなが金儲けに忙しければ、そもそも反乱は起こらなかったかもしれません。

つい10年前の義満の時代には南北朝の統一まで果たしたのに、そのときの政治的なパワーはいったいどこに行ってしまったのでしょうか。やはり経済の低迷はいつの時代も政権の求心力を低下させるのです。この問題を義持個人の資質に帰してしまってはいけません。経済政策の失敗として受け止めるべきです。

独裁者・足利義教の明と暗

室町幕府の政治的なパワーの低下に危機感を抱いて、それを立て直そうとしたのは6代将軍の「独裁者」足利義教《あしかがよしのり》です。彼は政治の表舞台に立つ前までは天台宗の青蓮院で天台座主（大僧正）を務めていました。後ほど詳しく解説しますが、天台宗（比《ひ》叡山《えいざん》）は当時の日本の政治、経済、学問におけるスーパー・パワーでした。

義教は1428年に第6代将軍になると、その4年後の1432年には日明貿易を復活しました。この政策は経済政策の「レジーム転換」になるはずでした。ところが、先ほど述べたようにこの時期は明朝が悪い方向に経済政策を転換させていました。

それは大明宝鈔を回収するデフレ政策です。世界各国からの朝貢貿易を受け入れるには巨額の財源が必要であるにもかかわらず、明朝は自らデフレ的な政策によって財政不足を招いていたのです。せっかく日本から関係修復のオファーがあったにもかかわらず、気前よく受け入れていた日本の朝貢に制限が加えられるようになりました。

１４３４年から「宣徳要約」という〝条約〟で次のような取り決めがなされました。

①　遣明船の入貢《にゅうこう》は10年に１回とする
②　人員は３００人に限る
③　船数は３隻とする
④　刀剣の積載量は３００を限度とする

貿易が中断して銭貨の流入が止まるよりはマシですが、このような制限を加えられれば日本の貨幣需要を１００％満たすことはできなくなります。義教はこの後自分の出身母体である天台宗（比叡山）、親戚で鎌倉公方の足利持氏、守護大名の赤松満祐《あかまつみつすけ》と度重なる揉め事を起こしました。そして、最終的に「嘉吉の変」において赤松に暗殺されてしまいました。

もし、義満の頃のように、明朝ともっと頻繁に貿易ができていたら、義教は財力を使ってトラブルを解決できていたかもしれません。義教は信長の先駆とも言える人物だっただけに大変惜しいことをしました。

室町時代から戦国時代——「マネーストック」の変化を推計する

貿易を通じて室町幕府の3代将軍義満から6代将軍義教までの流れを見ると、義満の頃あれだけ栄華を極めた室町幕府が、なぜその後政治的な力を失っていくのか何となくその理由が見えてきました。

もし、室町時代のマネーストック統計が存在していたらもっと詳しくこの時代背景を把握することができるのではないでしょうか。さらに、進んで景況感を把握することで、好不況の波から室町幕府の栄枯盛衰をより詳しく読み解くことも可能です。

そこで、そのものズバリのマネーストック統計はないにしても、何かそれの代理変数を使って、室町時代のマネーストックの変化を推計することにチャレンジしてみましょう。

まず、私が目を付けたのは「米価」です。

実は、本シリーズの2作目『経済で読み解く 明治維新』を執筆した際、昭和7年（1932）刊行の『日本米価変動史（中沢弁次郎）』の復刻版を入手していました。

この本には407年の「銅銭1文米1升」という日本最古の米価から昭和7年までの

米価が記録されています。

著者の中沢弁次郎氏は本書の刊行に当たって、日本各地の米穀取引所、日銀、大蔵省、農林省、帝国図書館等の資料を片っ端から調べたそうです。単位の換算は少し大変ですが、米価の変動によって室町時代の物価状況がある程度推計できるはずです。

そして、もうひとつのヒントは「出土備蓄銭」です。

出土備蓄銭とは壺などに入れて地中に埋められた銅銭のことです。それらが出土する地層からいつ頃備蓄されたのかが判定できます。年代順に並べて傾向を見れば何かがわかるかもしれません。

ではさっそくやってみましょう。まずは1つめの米価による物価の推計です。ところが、開始早々いきなり壁にぶつかりました。

『日本米価変動史』は古い文献史料の中から米価に関する記述を拾って年代順に並べたもので、出典は寺社の記録、個人の日記などの古文書が中心です。それらは当然のことながら最初から統計として記録されたものではありません。よって、同じ基準で観測したデータが、同一単位で記録されていることもなければ、10年以上データが欠損してしまうこともあります。

そこで私は、とりあえずこの虫食い状態のデータをそのまま時系列で並べてグラフ

図12　1石当たり米価（銅銭：貫文）

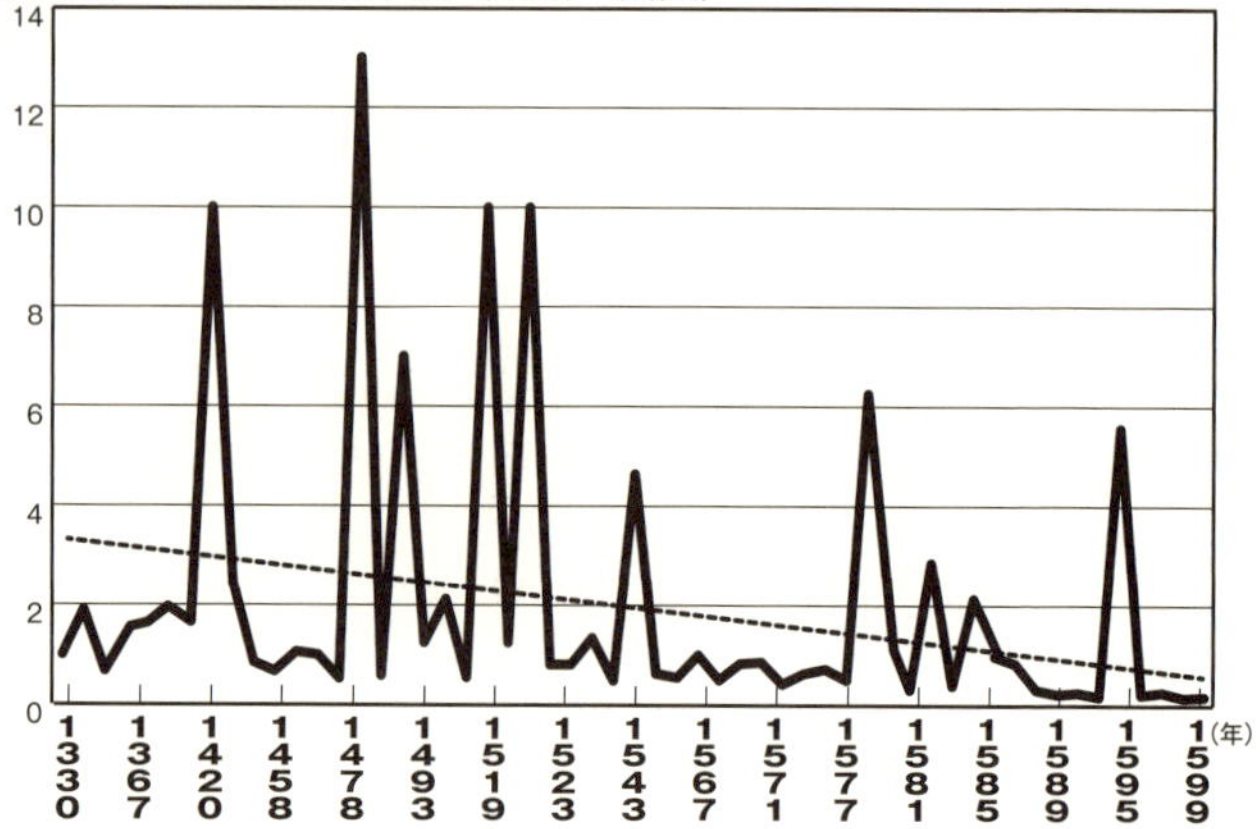

出典：『日本米価変動史』中沢弁次郎

にしてみました。単位は1石当たりの銅銭（貫文）です（1貫文は1000文に相当）。

一応近似曲線を引いてみたところ、なんとなく右肩下がりのグラフになりました（図12）。かなり大雑把ですがこの米価推移から勘案するに、室町時代から戦国時代にかけて米価は低迷しており、デフレの進行があったとする説をサポートする結果になりました。ただ、データがあまりに虫食いですし、価格のブレも大きいのが気になります。

そこで、米価が異常に高騰する年に限ってその理由を詳細に見てみることにしました。米価が1石当たり3貫文を超えるかどうかを基準にして、該当する年の

図 13　米価の変動

西暦	米1石換算価格（単位：貫文）	イベント	備考
1322	3	干ばつ	是歳夏大干、地を枯らして甸服の外、百里の間、空しく赤土のみありて、青苗なし、餓莩野満ちて飢人地に僵る。
1420	10	大干ばつ、大飢饉	是歳天下大干、琵琶湖涸三町、淀川可徒渉歳大飢、米斗千銭。（「文正年代記」）天下飢饉、米一升代百文。（「天地根本歴代図」）
1473	13	甲斐国大飢饉	甲斐の国で大飢饉が起こり、餓死者は数えきれないほどだった。（「妙法寺記」）
1490	7	甲斐国大飢饉	是歳甲斐国大飢饉、米は七十、大豆は六十、クリは更になし云々（「妙法寺記」）当時朝鮮及明国との通商貿易行われ、後花園帝の嘉吉以降、朝鮮より毎年二万石内外の米豆等輸入されたりと。
1504	10	大飢饉、京都で大火事	天下大飢、京師大火（「東西年表」）十月徳政条目を頒示す。二年後の永正三年七月、加賀一向宗乱をなす。
1519	10	諸国大飢饉	去年七月十三日、大風禾稼悉く損傷す、八月二十六日大霜、（中略）是歳、春より夏に至りて諸国飢饉、人々餓死せり。（「妙法寺記」）
1524	4.64	法華一揆鎮圧	此の年八月、法華宗徒悉く洛外に追わる。（「最新年表」）足利幕府の威令まったく地に堕ち、地方豪族の分権行政地に就く。（「日本通史」）
1576	6.25	5月に信長による石山本願寺包囲戦（天王寺の戦い）始まる。	※筆者注：この年、織田信長安土城に入る
1592	5.56	天下大飢饉	総検地高 1805 万石

出典：「日本米価変動史」中沢弁次郎

データを『日本米価変動史』から拾ってみました。

前ページの表をご覧ください（図13）。米価が大きく上昇する年は大抵飢饉や干ばつなどの自然災害や、戦争などの大規模な破壊が起こっている年です。逆にいうと、大規模な自然災害や戦争がない限り、米価は概ね1石当たり3貫文以下に収まっていたということになります。

図14　1石当たり米価（銅銭：貫文）

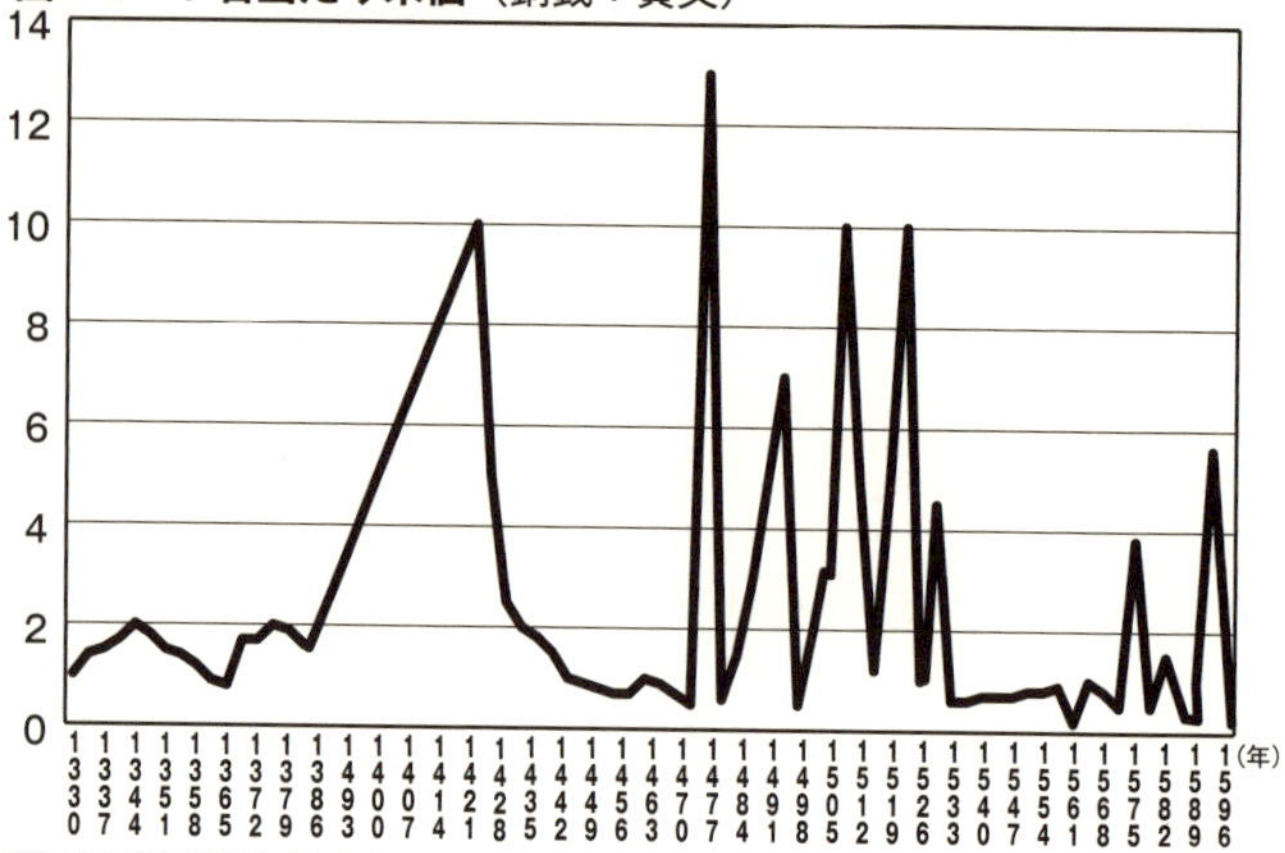

出典：『日本米価変動史』中沢弁次郎

米価は低迷気味＝デフレ基調

念のため虫食い状態のデータを米価がわからない年を空欄のままにして、移動平均でつなげてみると上図のようになります（図14）。

図15　１石当たり米価（銅銭：貫文）

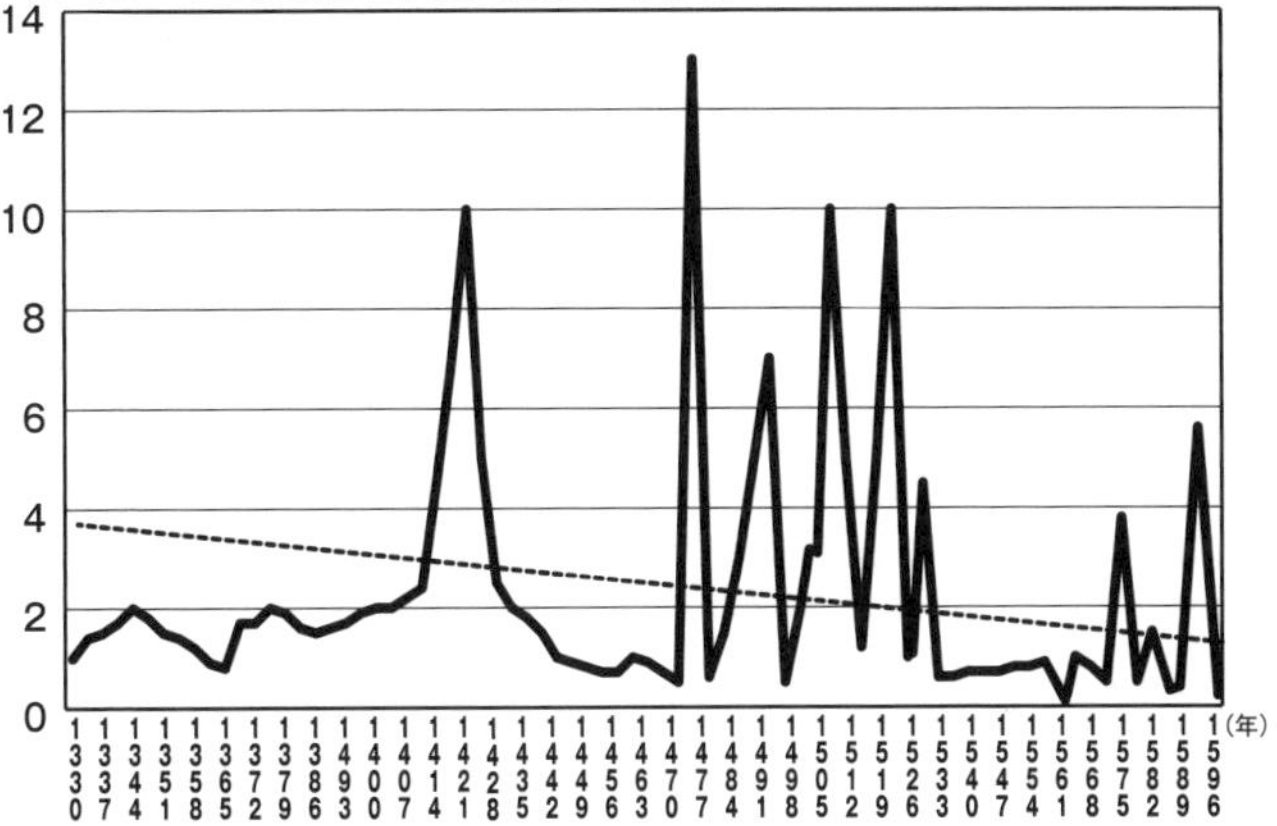

出典：『日本米価変動史』中沢弁次郎　※著者によるデータ補正

しかし、このようなやり方でも１３８４年から１４２０年までの36年間のデータが欠損しているうえ、１４２０年が大飢饉で米価が高騰しているため、１３８４年以降米価が右肩上がりに上昇しているように見えます。この点を修正するために、１４２０年を挟んで前後９年の米価が同一価格だったと仮定して再度グラフを作成してみました（図15）。

室町時代は全体としてデフレ傾向が強かったはずなので、おそらくこちらのグラフのほうが実態に沿ったものであると思われます。

ただ、日記などにわざわざ米価を特記するということは、おそらく米価が上がって困った、という話を伝えるために記

図 16　米価変動

▼15 世紀の米価変動

レンジ	1 未満	1 以上、3 未満	3 以上
記録された回数（回）	5	6	3
1 石換算平均価格（貫文）	0.64	1.78	10.00

▼16 世紀の米価変動

レンジ	1 未満	1 以上、3 未満	3 以上
記録された回数（回）	32	7	5
1 石換算平均価格（貫文）	0.45	1.57	7.29

載している可能性もあり、仮にそうだとすると全体的に上方バイアスがかかっている可能性があります。

『日本米価変動史』のデータを価格レンジごとにグルーピングしてこの点を検証してみたいと思います。単位は1石当たりの銅銭（貫文）です。

まず気づかされるのは15世紀のデータの少なさです。米価が記録されている年は100年間で14回しかありません。公定価格である1石＝1貫文を超えた年の記録が9回あるのに対して、1貫文未満だった年の記録は5回です。やはり米価が異常に高騰したときしか記載されないというバイアスは本当のようです。

これに対して16世紀も後半になると、

大阪に米の取引市場が開設されるなど、専業のコメ取引業者が増えてきます（図16）。『日本米価変動史』の１５８０年の備考欄には次のような記載があります。「本能寺の変」が１５８２年ですから、この年はちょうどその２年前に当たります。

天正年間山城国八幡郷の源右衛門といへる者、大阪に出でて淀屋橋畔に居を卜し、富数十万を重ね、いろは四十七倉を建て、店前に市を立ててコメの売買を行へり。是れ大阪米市場の濫觴《らんしょう》なり。（「日本米食史」「米価の変遷」）

コメ取引が盛んになったおかげで16世紀の米価変動に関する記録は１００年間で44年分のデータが利用可能になりました。このうち公定価格の１石＝１貫文未満の年が32回記録、１石当たり１貫文以上３未満の年が７回、３貫文を超える米価暴騰の年が５回記録されています。おそらく、16世紀の記録から読み取れる傾向こそが、中世の米価を基準とした物価動向ではないでしょうか。

この時期は寒冷化による天候不順で飢饉が頻発したと言われていますが、米価の変動から見ればむしろ価格高騰するほうが例外のようです。よって、総じて米価は低迷気味、つまりデフレ傾向と判断します。

「出土備蓄銭」は現在の「タンス預金」

それでは次に「出土備蓄銭」を使って、別の角度から中世の物価動向を考察してみましょう。その前に日本における貨幣経済の発達はいかなるものであったのか、確認しておきます。歴史学者の鈴木公雄氏は次のように述べています。

この点を文献史料から検討するため、佐々木銀弥による代銭納荘園（公事や年貢、地子などの納入を現物に代わって貨幣で納入する荘園……筆者注）の全国における分布を見てみると（佐々木　一九七二）一三世紀の半ばまでは北陸一、近畿四、山陰一のわずか六荘園しか存在していないが、一三世紀の後半には東北から九州までの全域に三八か所の代銭納荘園が出現し、一四世紀の前半にはそれが一二六か所にまで増大してくることがわかる。また、玉泉大梁の売券（土地や物の売買において売り手から買い手に交付される売買成立の証文……筆者注）の研究によると（玉泉　一九六九）、鎌倉時代の初期（一一八六～一二一九）には畿内二八、南海道一、の二九件しか銭による記載がないのに対して、中期（一二二〇～一二八三）になると畿内七〇、東海道八、南海道五一、山陽道二の二三二件の売券に銭の記載が認められ、米による売券の二倍以上になることがわかる。さらに鎌倉後期（一二八四〜一三三三）においては、全国にわたって七一〇件の売券に銭の記載があるのにたいして、米による記載は二五七件と約三分の一に減少してしまう。両史料における銭貨流通の展開時期には多少のずれがあるものの、一三世紀の前半に全国規模での銭貨流通の萌芽を認めることができる。

（出典：『出土備蓄銭と中世後期の銭貨流通』鈴木公雄／史学Vol.61 No.3/4／1992・3）

鎌倉時代ですらすでにこれほどの貨幣経済の発達が見られたわけですから、室町時代においてそれがもっと発達していたことは間違いありません。

だとすると、出土備蓄銭から何らかの傾向をつかめば、当時の経済状況を読み解くことができそうです。

日本においては中世以降になると、貨幣とくに銅銭の利用が増大し、貨幣経済の進展が認められる。この点は文献史料のみならず、考古学的に発見される出土銭貨においても確認することができ、墓に副葬された六道銭や、大量の銭が甕《かめ》に収められた備蓄銭などが全国的に多数発見されている。（出典：前掲書）

出土備蓄銭とは、甕などに入れられて地中に埋められた銅銭のことです。昔の人はいったい何の目的でこんなことをしたのでしょうか。考古学や歴史学においては議論がありそうです。私は考古学者でも歴史学者でもないので、経済的な観点からあえて断言しましょう。これは「預金」です。もっと正確にいうなら、現代で言うところの「タンス預金」です。

貨幣を外国からの輸入に頼り、ときどきそれが中断していたことや、米価から換算した物価動向などから勘案するに、室町時代は総じてデフレ圧力の強い時代だったことはほぼ間違いありません。だとすると、お金不足が深刻化した時期には、支出を減らして銭貨を退蔵するインセンティブが高まっても不思議ではありません。その手段のひとつが「甕に入れて土に埋める」だったのです。

デフレが進行するとタンス預金が増えるという傾向は、何時《いつ》の時代にも当てはまる経済の掟です。次のグラフは2006年から2016年にかけてのマネーストック（点線）と現金（実線）の前年同月比伸び率の推移を表したものです（図17）。

図 17　マネーストックと現金の伸び率推移

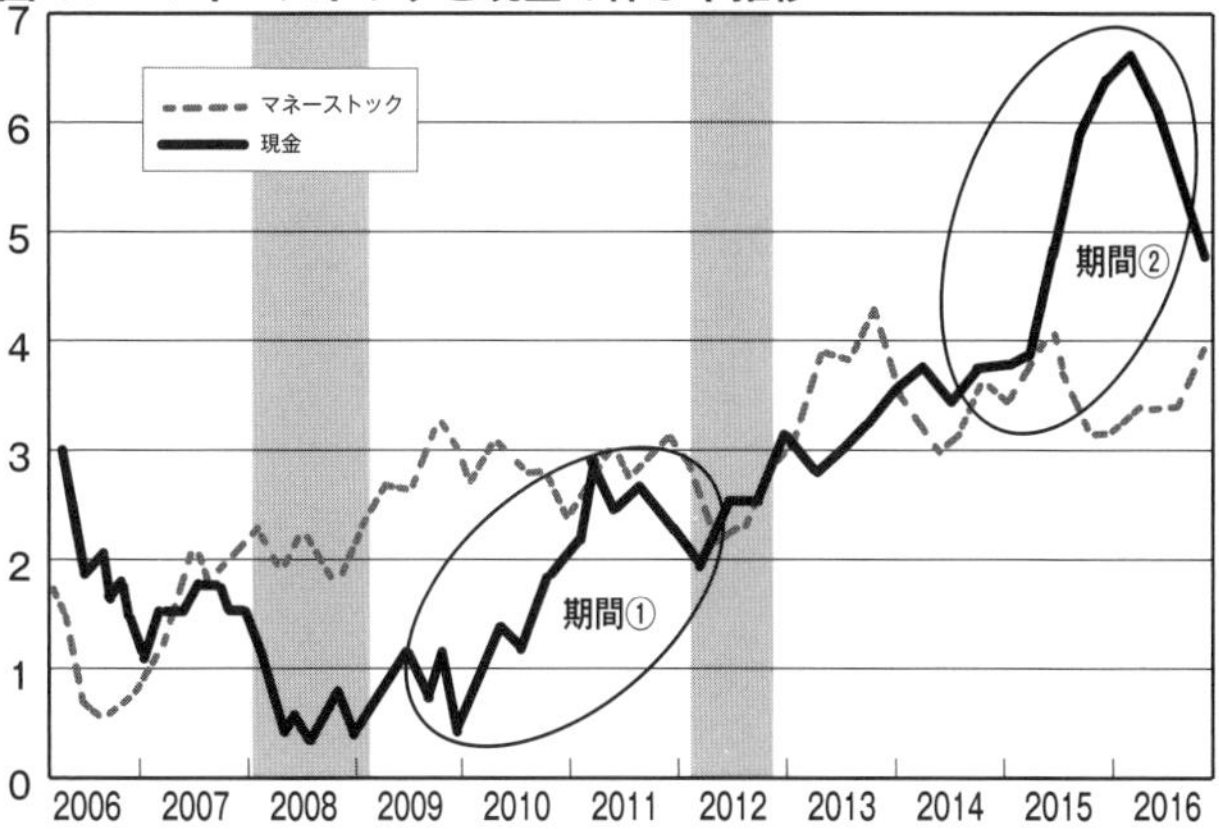

出典：「日本銀行」HP

ご覧いただければわかる通り、マネーストックがじわじわと右肩上がりになるのに対して、２００９年末から２０１１年初頭まで（期間①）と、２０１４年末から２０１６年初頭まで（期間②）に現金の伸び率が急上昇しているのがわかります。

マネーストックに現金が占める割合は１割程度です。もし信用創造によってマネーストックが増加する場合は、銀行口座の残高が増えるので、マネーストック全体の増加率と現金の増加率の間に差はないはずです。

ところが、期間①、期間②のように現金だけが急増するということは、何らかの理由で人々の現金選好が強まったことを示唆しています。

人々があえて現金を求めるのは、現金の価値が上がりそうだという期待、つまり物価が下がってデフレになるという期待がそこに存在するからです。期間①は民主党政権誕生の直後、期間②は消費税増税の直後であり、いずれも日本経済がデフレ的な傾向を強めて現金の価値が上昇する時期に一致しています。

「デフレ期待」が高まった時代

人々は常に日銀の統計を見ているわけではないのに、何らかのシグナルを捉えて将来を正しく予想しています。そのシグナルはある人にとっては銀行の担当者の態度かもしれませんし、ある人にとってはそれが日々の買い物の際の価格変化かもしれませんし、金利や為替の変化などかもしれません。ほとんどの人は統計を見ていなくて、経済理論を知らなくても、何となくお金の価値が上がりそうか下がりそうかについて気づくことができるのです。それは、中世の日本人とて例外ではありません。

だとするなら、出土備蓄銭が大量に出土する年代、つまりみんながタンス預金を溜め込んだ時代というのは、おそらく「デフレ期待が高まった時代」だと言えるのではないでしょうか。貨幣の退蔵が進むということは、将来的に銭貨の価値が上がるという期待が蔓延《まんえん》したことと同じだからです。

もちろん、日本国内にはまだ発見されていない大量の埋蔵銭があるかもしれません。しかし、すでに北は北海道から南は鹿児島まで２２８万枚もの備蓄銭が出土しています。これだけ多くの備蓄銭があるなら、全体を集計して変化を観察すればある程度の傾向が見えてくるはずです。

前掲書の研究によれば、出土した備蓄銭の種類はたくさんありますが、上位40種で全体の95％を占めています。さらにこれを絞り込んで上位20種として見た場合でも、２２８万枚の約85％以上を占め、枚数では１９５万枚に達します。

そこで、私はこの論文にある上位20種の年代別出土枚数をエクセルに入力して、年代ごとの備蓄銭の増加をグラフ化してみました。ちなみに、前掲書においては年代を次の８期に区分しています。

13世紀第４四半期を中心とする年代（１２７６－１３００）
14世紀第２四半期を中心とする年代（１３２６－１３５０）
14世紀第４四半期を中心とする年代（１３７６－１４００）

図18　備蓄銭上位20種枚数

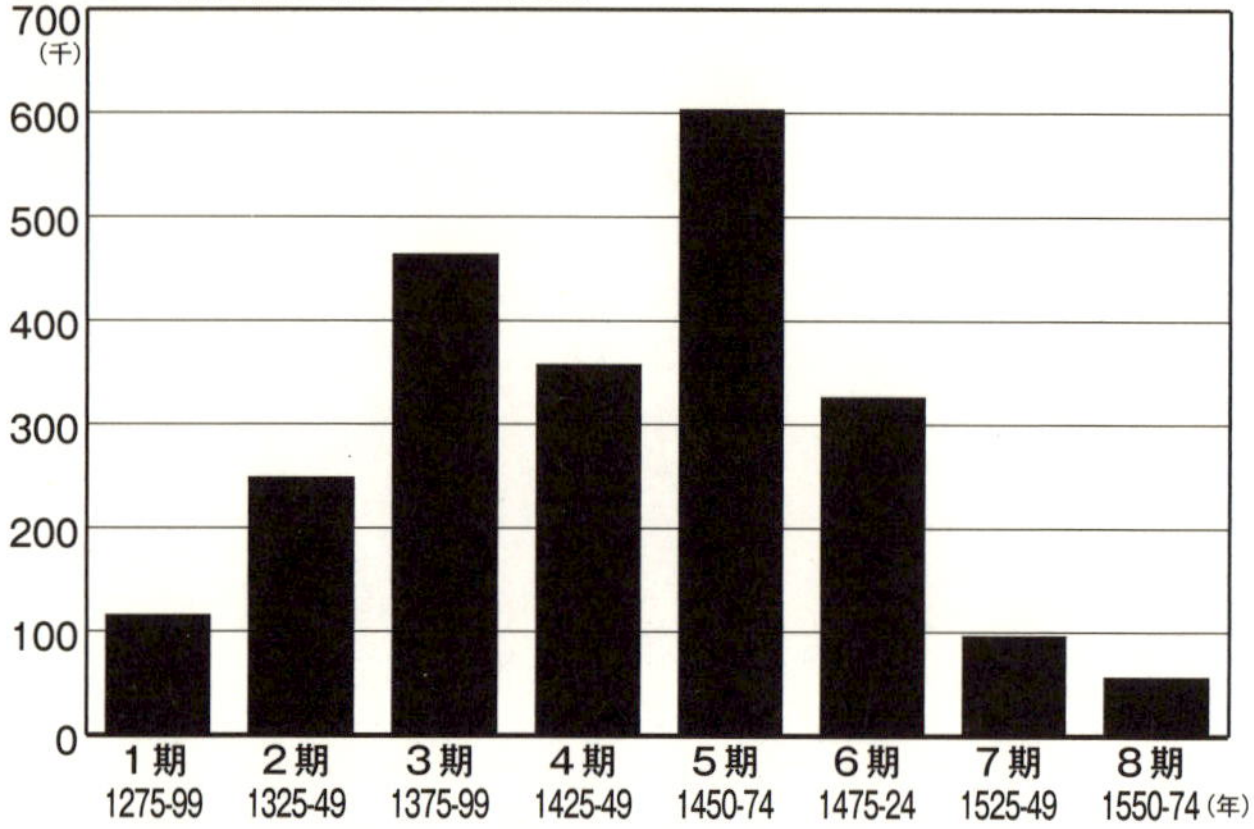

出典：『出土備蓄銭と中世後期の銭貨流通（鈴木公雄）』史学 Vol.61 No.3/4（1992.3）「表5　出土銭上位20種銭種組成）」のデータを著者がグラフ化

15世紀第2四半期を中心とする年代
（1426－1450）
15世紀第3四半期を中心とする年代
（1451－1475）
15世紀第4四半期～16世紀第1四半期を中心とする年代（1476－1525）
16世紀第2四半期を中心とする年代
（1526－1550）
16世紀第3四半期を中心とする年代
（1551－1575）

この年代区分を前提とし、出土した備蓄銭を年代ごとに表すと上図（図18）のようになります。

出土備蓄銭の累計データを折れ線グラフで描くと、さらにタンス預金の傾向が

図19　備蓄銭上位20種枚数（累計）

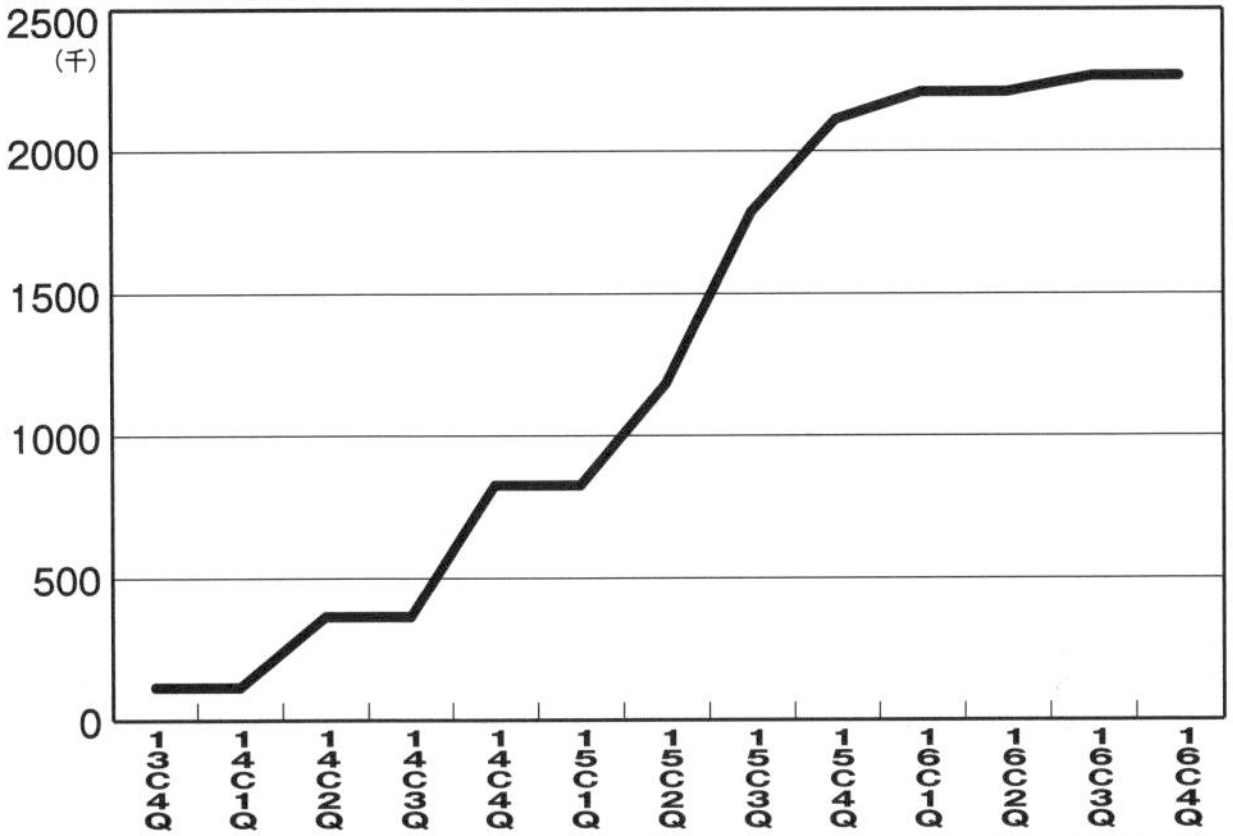

出典：『出土備蓄銭と中世後期の銭貨流通（鈴木公雄）』史学 Vol.61 No.3/4（1992.3）「表５　出土銭上位20種銭種組成）」のデータを著者がグラフ化

はっきりします（図19）。

グラフから、出土備蓄銭は14世紀の鎌倉時代の末期に比べて、15世紀の室町時代の中期に大幅に増加していることがわかります。

ちょうど足利義持によって日明貿易が中断される１４１１年を過ぎた辺りから応仁の乱が終わる１４７７年辺りにかけて、急激なカーブを描いて枚数が増えています。

その後、グラフはほぼ横ばいのまま16世紀に入り、江戸時代の直前までそのままの状態が続きます。

戦乱の背景にあったのは〝お金不足〟

義満は南北朝を統一するほどの力を持っていましたが、そのパワーの源は文字通り「銭」でした。ところが、義持によって日明貿易が中断されたことで銭貨流入の伸びが鈍化し、義教の時代になって再開した後も交易の回数が減らされたため、銭貨の流入は不十分だったのです。

その結果、人々のデフレ期待が強まり、景気は低迷したのでしょう。それに連動して、室町幕府の権力者は年代が下るにつれ、その政治的なパワーを失っていきました。デフレによる景気の低迷が続くと、人々は自暴自棄になります。景気の低迷は人々を過激な思想に惹きつけ、時としてそれは暴力や戦争へとつながります。室町時代中期から日本には戦乱が絶えませんでした。戦乱の背後で、渡来銭の流入減が発生していたことは無関係ではないでしょう。それは米価の推移とも整合的です。

気候の寒冷化による飢饉、環境の変化による疫病の流行など最悪の状態を脱しても、デフレによる景気の悪化で生活苦。そんな状況なら誰だってやけっぱちになっても不思議ではありません。まして、投票によってそのストレスを解消できないなら、叛乱一択ということにならざるを得ないのは仕方のないことです。
まさに日本がシリアになってしまったような絶望的な状況です。
果たして、こんな状態の日本に平和はくるのか？
戦乱の根本原因たるデフレを、信長は止められるのか？
その答えが出るまで今しばらくお待ちください。

第二部　寺社勢力とは何なのか?

第3章　老舗「比叡山」vs.新興「京都五山」

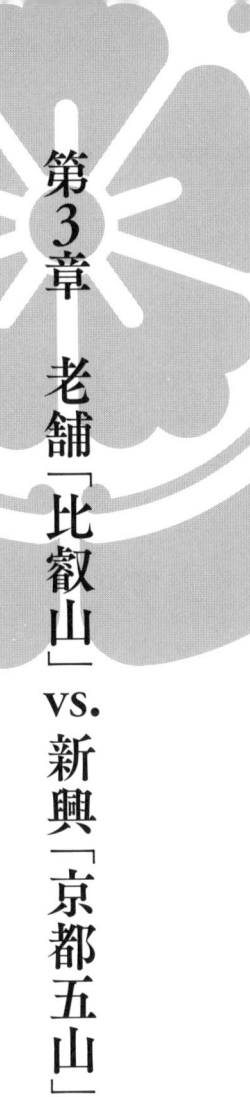

織田信長が対立した寺社勢力とは単なる宗教団体ではありません。寺社は仏教留学僧が作った支那とのコネクションを生かして貿易業に精を出す巨大商社であり、広大な荘園を所有する不動産オーナーであり、土倉や酒屋といった町の金融業者に資金を供給する中央銀行でした。

中でも比叡山延暦寺（天台宗）のパワーは最強であり、暴力団でいうなら山口組、大学でいうなら東大法学部、不動産会社でいうなら住友不動産……、いやこれらをすべて合わせたよりもっと大きな力を持っていました。

鎌倉、室町を通じてこの巨大権門に立ち向かったのが五山（臨済宗）です。彼らは金融と会計のプロフェッショナル集団「東班衆《とうばんしゅう》」を抱え、幕府と結託してのし上がりました。現代で喩えるなら、日銀と商工ファンドを経営するインテリヤクザが裁判官を全員買収している感じですね。これもこれで相当ヤバい奴らです。

本願寺（浄土真宗本願寺派）や日蓮宗も新興勢力ですが、やはり当初は比叡山から激しい弾圧を食らいました。ただし、その台頭はやや遅れますが、独自の新しいモデルで比叡山や五山を凌駕《りょうが》する「大企業」へと成長しました。

信長が対立した寺社勢力とは何なのか？　その衝撃の実像に迫ります！

日本に「禅」を広めた臨済宗の祖・栄西

禅宗の臨済宗を支那から日本に伝えたのは栄西《えいさい》（「ようさい」ともいう）です。栄西は１１６７年に九州に赴き、宇佐や阿蘇山で修行した後、翌年２月に博多の「唐房」に行きました。唐房とは、当時のチャイナタウンのことです。栄西はそこで２か月間の語学研修を受けたのち、４月に宋に向けて旅立ちました。

第１章で述べた通り、日本の鎌倉時代、支那の宋の時代にはすでに東アジア地域の交易は活発になっており、九州各地にこのようなチャイナタウンがあったそうです。時代はかなり下りますが、１８２１年に完成した『筑前名所図会』に「博多港と唐船」という絵（次ページ）がありましたので参考までにご覧ください。何となくその繁栄ぶりが想像できます。

福岡市営地下鉄呉服町駅のすぐ近くに、鎌倉時代の博多港の古地図（次々ページ）が展示されていますので合わせて見てみましょう。この地図は江戸時代末期に描かれたものですが、そのとき入手可能だった古地図を参照して作成されたようです（ただし、地図中にある「中華」という呼称は近代以降なので、キャプションは明治以降に書き

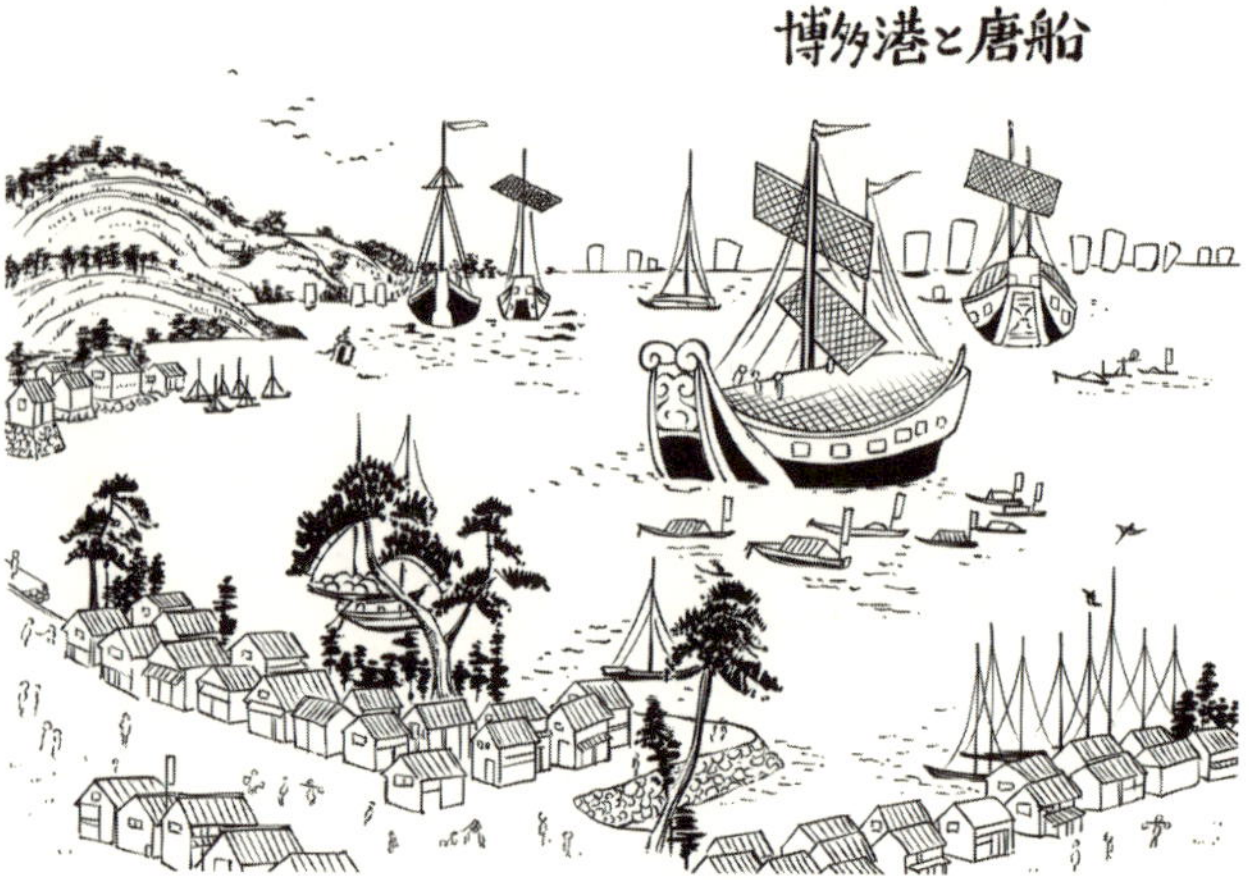

出典：博多港と唐船（筑前名所図会所収）を参考に再イラスト化
http://www.nakamura-u.ac.jp/library/kaibara/archive05/pdf/d32.pdf

込まれた可能性もあります）。

冷泉津《れいぜいつ》は現在の天神辺り、草香江は現在の大濠公園の辺りになります。冷泉津の左にある①の部分には「唐船入之津」という表記が見えます。そのすぐ左側には「博多ヨリ中華ニ航ル商船ココニ繋グ（筆者訳：博多から中国に向けて出航する商船はここに係留する）」という説明書きもあります。

ちなみに、当時のチャイナタウン（唐房）は現在の姪浜や下山門辺りに存在したことが発掘調査などで明らかになっています。おそらく栄西が語学研修を受けたのはこの辺りだったのではないでしょうか。

栄西は一度帰国した後、１１８６年に

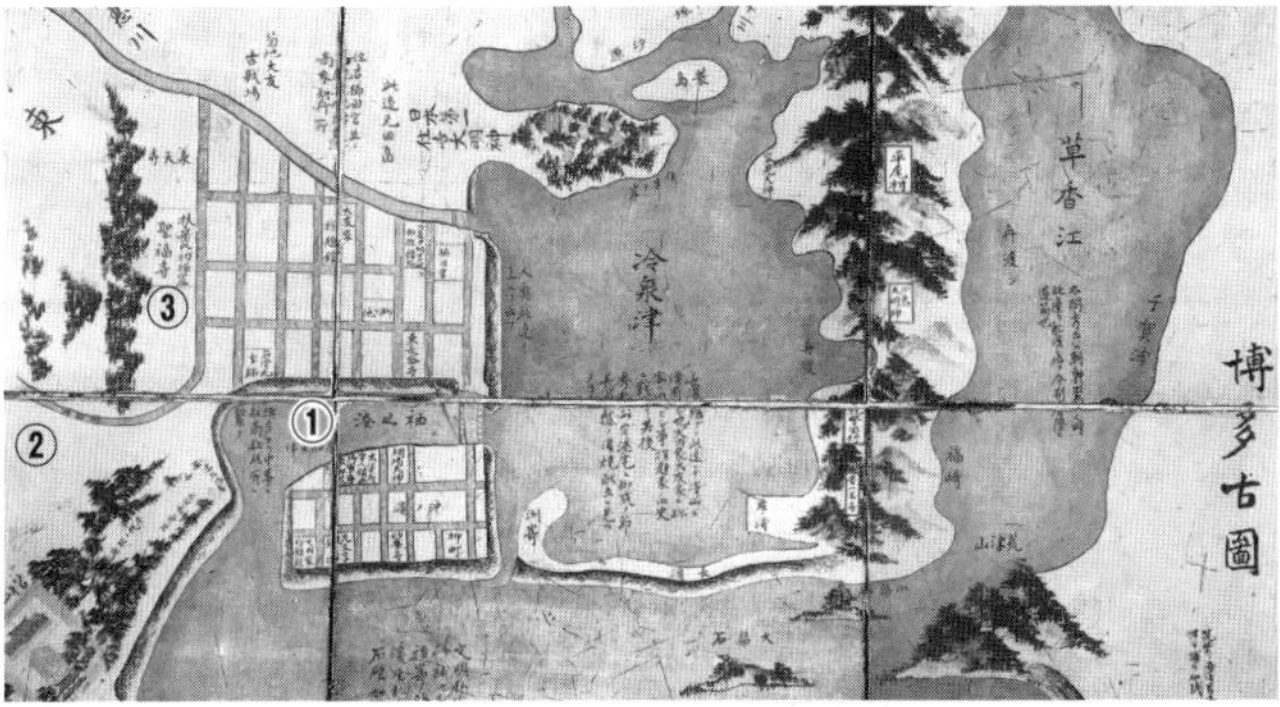

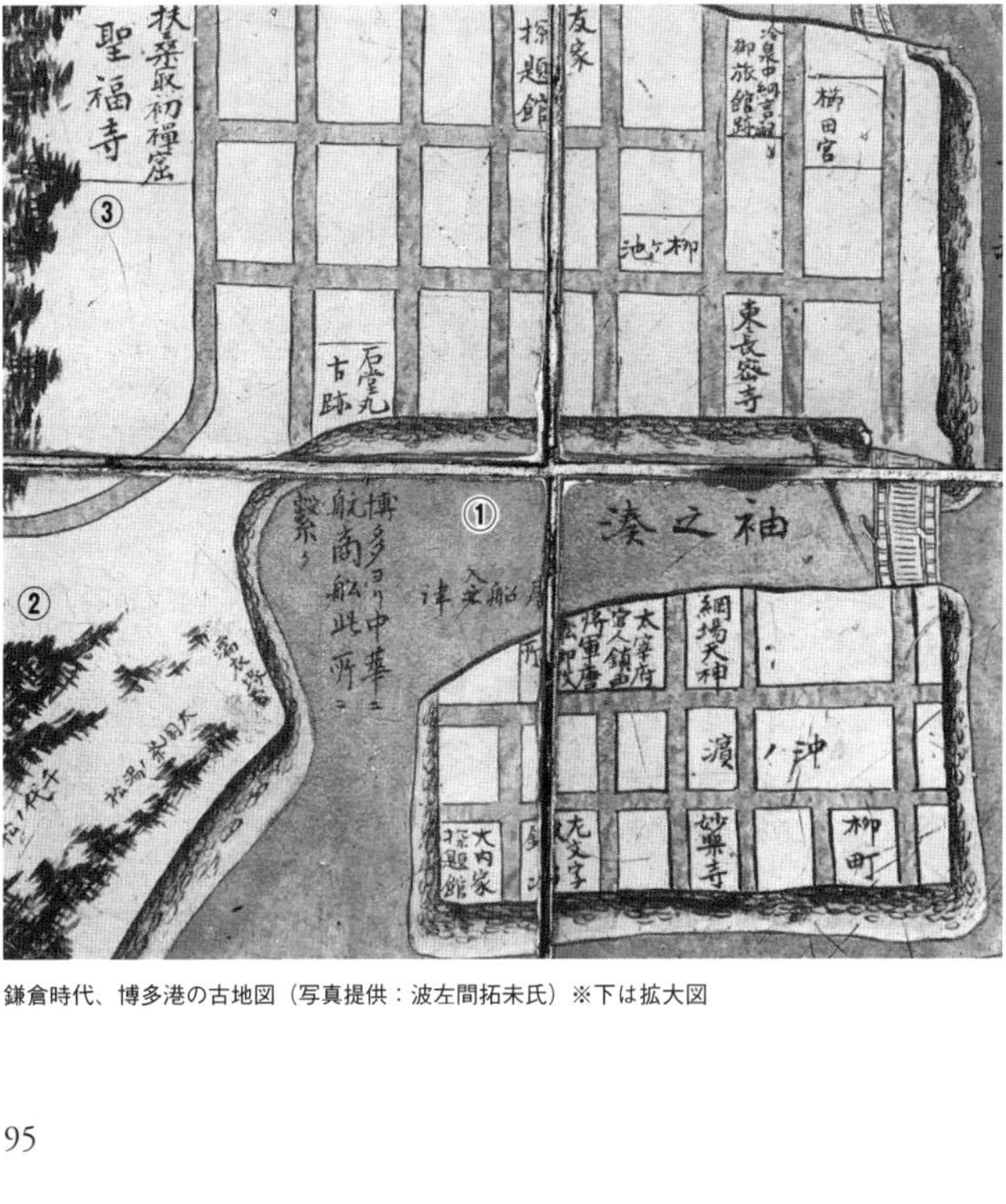

鎌倉時代、博多港の古地図（写真提供：波左間拓未氏）※下は拡大図

再び宋に渡り4年の修行を経て1191年に帰国しました。そして、主に九州の筑前、肥後地方を中心に布教活動を始めます。ところが、ここでひとつ大きなトラブルが発生しました。なんと、栄西は激しい妨害に遭遇してしまうのです。

栄西を妨害したのは筑前箱崎（古地図で②の場所）の良弁という僧侶です。臨済宗のホームページなどによれば、良弁は栄西の禅が広まることを妬み、比叡山延暦寺の宗徒を誘って栄西を徹底的に妨害したとのことです。

ご存知の通り比叡山延暦寺（天台宗）は日本の仏教の総本山とも言っていい存在であり、奈良時代から続く巨大寺院です。これに対して栄西の臨済宗はまだ立教したばかりの新興宗教であり、政治的なパワーもほとんどありませんでした。

良弁は臨済宗を徹底的に潰そうと、朝廷に「禅宗は邪教だから禁止すべきだ」と訴え出ました。朝廷はこの訴えを真に受けて、1194年に禅宗布教禁止の宣旨を出してしまうのです。立教間もない栄西は最大にして最悪の法難に遭遇することになります。

しかし、栄西は諦めませんでした。翌年、朝廷に召喚され事情聴取を受けた機会を捉えて、良弁に対して徹底的に反論します。

わが禅門はいまとくに始まったわけではない。むかし伝教大師（天台宗の開祖、最澄……筆者注）が『内証仏法血脈』一巻をつくられ、その始めは達磨西来の禅法である。良弁は無知で山門僧をいざない、私を中傷しているが、禅宗がもし邪法なら伝教も正しからず、さすれば天台成り立たず、天台成り立たずして私を排斥しえようかと。

（出典：『比叡山史』村山修一／東京美術）

そして、禅宗（臨済宗）こそが末法の世にふさわしく、禅を実践することこそが護国繁栄につながると力説しました。このときの栄西の反論は『興禅護国論』全10門にまとめられています。栄西の切れ味鋭い反駁《はんばく》に朝廷も納得し、無事布教禁止の宣旨は撤回されたと言います。日本において雄弁が歴史を変えたのは北条政子の「いざ鎌倉！」だけかと思っていましたが、実は栄西もそのひとりだったのです（後に北条政子は栄西に帰依《きえ》しています）。

最大の法難を自らの雄弁によって乗り切った栄西は、翌年、博多の外国船船着き場の近くに（古地図で③の場所）聖福寺を開きます。そのときの経緯について、聖福寺のホームページには次のように書かれています。

聖福寺（しょうふくじ）は建久6年（1195年）に将軍源頼朝公よりこの地を賜り、栄西禅師（ようさいぜんじ）を開山として創建された日本最初の禅寺です。山号を安国山とし、寺号を聖福至仁禅寺（しょうふくしじんぜんじ）と称します。

後鳥羽上皇より、日本で最初の禅寺である事を意する「扶桑最初禅窟（ふそうさいしょぜんくつ）」の号を賜わりました。

（出典：聖福寺ＨＰ　http://www.shofukuji.or.jp/about/index.htm）

臨済宗は、取り消されたとはいえ、前の年に朝廷から布教禁止を言い渡された新興宗教です。それなのに、なぜ時の将軍から直々《じきじき》に土地を下賜されたのか。この部分に引っかかった人はかなり鋭いです。「禅僧の宗教活動に将軍自らなぜこれほどの便宜を図ったのか?」――、これこそが、寺社勢力という謎を解く鍵だからです。

新興宗教から経済マフィアへ

栄西が伝えた臨済宗は、この後鎌倉時代から室町時代（応仁の乱まで）にかけて日本経済を牛耳《ぎゅうじ》る巨大マフィアへと成長していきます。聖福寺の場所が、なぜこんなに外国船ターミナルに近いのか？　その秘密は、経済という視点から見ると極めて簡単に解けます。そして、良弁と比叡山宗徒がなぜ栄西を執拗に妨害したのか、その理由も極めてはっきりしています。そのヒントとして、まずはこちらをお読みください。

博多湾岸で活動を開始した栄西に対し、猛烈な妨害をした人物が箱崎の良弁や比叡山勢力であった。朝廷は栄西の禅宗禁止の宣旨を出し、抵抗した栄西は『興禅護国論』を書いた。背景に貿易をめぐる利権争いもあった。中国の生糸を日本に運べば二十倍以上の値で売れた。箱崎大夫則重の祖父貞重が博多にいた宋人金貸しから大金を借りた話が、『今昔物語』に見える。大山寺船頭、宋人の張光安が箱崎寺僧に殺されるという事件もあった。利権をめぐる内部抗争で、まるでマフィアの世界である。

箱崎宮は朝廷直轄の神社だった。貿易拠点だったからである。刀伊入寇や文永の役ではまっさきに攻撃目標となった。いっぽう博多は平清盛ら新興貴族勢力の拠点であった。いわば箱崎が国営港湾なら博多津は民営港湾で、民営の方が栄えた。

鎌倉時代になって博多湾周辺に禅宗寺院がつぎつぎに開かれた。禅宗は鎌倉幕府と直結して、旧勢力のもとから貿易の利権を奪い取ろうとしていった。

（出典：日宋貿易の実態―「諸国」来着の異客たちと、チャイナタウン「唐房」―／服部英雄／２００５　http://catalog.lib.kyushu-u.ac.jp/handle/2324/17776/p33-64.pdf）

栄西の伝えた臨済宗は歴史教科書的には武士たちから幅広い支持を集め、鎌倉幕府の公認仏教になったと書いてあります。もちろん、これは間違いではありません。しかし、教科書の記述には栄西と臨済宗の活動の最も大事な部分が欠落しています。禅僧たちは仏教を学びに行くついでに、支那で交易してたんまり儲けていました。そして儲けたお金から、幕府に銭貨を献上し、彼らの政治闘争を経済面で支えていたのです。

もちろん、栄西を妨害した良弁も似たようなことをしていたのでしょう。だから、栄西は新規参入業者として、既得権者から強烈なバッシングを受けたのです。栄西の徳の高さに嫉妬したというのもウソではないかもしれませんが、良弁にとっては商売上の縄張りを荒らされそうになったという面が大きかったのではないでしょうか。ほとんどヤクザの抗争と同じノリだったと考えるとわかりやすいと思います。

臨済宗はこれ以降、時の権力と結びつき勢力を拡大していきます。その力の源泉となったのは支那との交易と、巨大な荘園経営、そして東班衆という金融と会計のプロ集団でした。

臨済宗はいかにして経済マフィアになったのか

現在の福岡市営地下鉄空港線祇園駅のすぐ近くに承天寺というお寺があります。福岡市経済観光文化局の「福岡市の文化財」というホームページには次のような説明があります。

臨済宗東福寺派。山号は万松山。仁治3年（1242）、博多に住む中国人商人の謝国明が、宋から帰国した聖一国師（円爾弁円）を開山に迎えて創建した。建立の檀越として太宰少弐武藤資頼の名が伝えられているが、資頼は1228年に没している。

寛元元年（1243年）太宰府の崇福寺や博多の聖福寺とともに官寺に列せられ、室町時代には天下十刹に列した。盛時には、塔頭《たっちゅう》四十三院を擁したという。

1975年、韓国の新安沖海底引揚げの沈没船から子院である釣寂庵の名が記された木簡が発見され、対外貿易への関与が証明された。

(http://bunkazai.city.fukuoka.lg.jp/cultural_properties/detail/item_id:101083)

味も素っ気もない説明ですが、当時の状況を雄弁に物語る４つの重要な事実が記載されています。

① 承天寺は臨済宗の寺であること
② 宋から帰国した聖一国師（円爾弁円）を開山に迎えて創建したこと
③ 寛元元年（１２４３）太宰府の崇福寺や博多の聖福寺とともに官寺に列せられこと
④ 対外貿易への関与が証明されたこと

もうこれだけでお腹いっぱいです。①は栄西が聖福寺を創建したのは１１９５年ですから、わずか50年ほどの間に臨済宗がどれだけ勢力を拡大したかを示すものです。そして、②は臨済宗と支那の親密な関係を表しています。③は同じく臨済宗が幕府と結託して勢力を伸長したことを示すものです。④は②のコネがビジネスに生かされていたことを示しています。

説明文中にある「韓国の新安沖海底引揚げの沈没船」とは、昭和51年（１９７６）1月、韓国の全羅南道西岸の新安海底で発見された沈没船のことです。韓国文化財管理局と韓国海軍の協力で3度にわたる引揚げ作業を行われ、この船の積み荷や行き先が明らかになったのですが、それがなんと驚きの内容でした。

この船は京都の東福寺の依頼で、１３２３年に支那の寧波《ニンポー》（現在の慶元）を出航し、博多に向かっていたものと判明したのです。そして、主な積み荷は約2万点に及ぶ陶磁器や金属器と８０００貫文に上る銅銭でした。これはいったい何を意味するのでしょうか。

荷主の東福寺とはどんな寺か、もう勘のいい人はお気づきですよね。東福寺とは京都五山の一角を形成する臨済宗の大寺院です。運んでいた銅銭は８０００貫文です。1貫文が現在の貨幣価値で10～20万円とすると、８０００貫文の銅銭は現在の8～16億円に相当します。日宋貿易や日明貿易に向かう船団は15世紀中ごろまで船の数に制限はなかったため、10隻近い船が1つの船団を形成していたといいます。1隻当たり8～16億円ということは、10隻なら80～１６０億円もの大金を運んでいたということになります。

この金額がどれぐらいの大金かイメージするために、当時の日本の経済規模と比較してみましょう。古い時代のGDP推計といえば故アンガス・マディソン教授の「マディソン・プロジェクト」が最も信頼できるデータです。そのデータベースによれば、1250年から1450年にかけての日本の一人当たりGDPは2010年の40分の1でした。単純計算で、現在の貨幣価値に換算すると8万8582円になります。[※1] 日本の人口は1338年の室町時代初期の時点で818万[※2]ですので、この2つの数字を掛け合わせて、当時の日本のGDPを推計してみましょう。答えは次のようになります。

〔14世紀の日本のGDP推計〕
一人当たりGDP　8万8582円×人口818万人＝GDP　7245億円

新安沖で沈没した船が属した船団が、80～160億円の銭貨を持ち帰っていたとすると、その規模はGDPの10～20％に相当する莫大なものだったということがわかります。第1章で解説した通り、江戸時代まで日本政府は国産の貨幣を発行しておらず、銭貨の輸入というのは貨幣の発行と同じ意味を持っていました。つまり、この船団が運搬していたお金は中央銀行が発行する貨幣（マネタリーベース）と同じ意味合いを持っていたのです。

ちなみに、日銀は現在毎年マネタリーベースをどれぐらい増加させているかご存知でしょうか。日銀はデフレからの完全脱却を目標として２０１３年から大規模な金融緩和、通称「黒田バズーカ」を発射し続けています。この政策によって日銀が毎年新たに供給する貨幣量は約80兆円です。日本のＧＤＰは現在５００兆円なので、それの約16％に相当する金額です。

ということは、14世紀ごろに支那との交易１回分で得られる貨幣量は「黒田バズーカ」１発分に相当するインパクトを持っていたと言えます。ご存知の通り、２０１３年以降、日本経済は長期停滞を脱し、失業率は低下して株価も上昇しました。就業者数も１００万人増加し、アルバイトの時給も大幅に上がっています。経済苦などから自殺する人も90年代後半からは毎年３万人台で高止まりしていましたが、１万人減って２万人台になりました。おそらく鎌倉時代や室町時代においてもこれと同じ効果があったことでしょう。

※１　Maddison Project
http://www.ggdc.net/maddison/maddison-project/home.htm
※２　立法と調査 ２００６・10 №２６０
http://www.sangiin.go.jp/japanese/annai/chousa/rippou_chousa/backnumber/2006pdf/20061006090.pdf

ただし、ひとつ問題があります。「黒田バズーカ」は毎年継続しているのに対して、支那との交易は時に盛んになったり、時に中断したりしていたという点です。もし、毎年これほどの貨幣量の増加が15世紀中盤以降も継続していれば、室町時代の経済は安泰だったかもしれません。しかし、第1章で見た明朝側のデフレと財政難などの理由により、それが継続できなかったところに問題があったのです。

日本経済は支那から大量の銭貨が持ち込まれると一時的にデフレ基調が弱まって景気が良くなりますが、しばらくするとマネーの増加によるインフレ期待が萎《しぼ》んで、再び経済がデフレ基調に戻ります。特に、戦争や国内的な事情で交易が長年にわたって中断すると、経済への悪影響は相当なものになりました。

これはロシアなどの新興国にありがちな景気循環です。ロシアは原油価格が上昇するときは投資が増えて、それが消費に波及し景気が良くなります。反対に原油価格が下落するときは投資が減り、それに合わせて消費も減って景気が悪くなります。原油価格が上がり続けない限り好況を維持できない現代のロシア経済は、支那から銭貨が流入しないと景気が良くならないという日本の室町時代の経済構造に似ています。

さて、支那と交易を通じて大量の銭貨を持ち帰ることとは、マネタリーベースの拡大を意味します。現在、日本のマネタリーベースの増減をコントロールしているのは日銀です。つまり、寺社勢力は実質的には日本の中央銀行であったということです。実は、奈良時代から天台宗（比叡山）など旧仏教勢力が強力なパワーを持っていた理由はまさにこれでした。それが、鎌倉時代になると新興の臨済宗が幕府のバックアップを受けてこの利権に割り込みました。幕府としては臨済宗のパワーを使って、比叡山のパワーを削り取ろうとしたのです。この作戦はかなりうまくいきました。

巨大荘園主としての寺社勢力

寺社勢力の経済的なパワーは貿易や中央銀行だけに留まりません。彼らは現在の森ビルや三井不動産を超えて余りある巨大な不動産オーナーであり、デベロッパーでもありました。

鎌倉時代や室町時代は、幕府の政治的なパワーが弱まるとすぐに反乱や戦争が起こる不安定な時代でした。戦乱が起こると、勝ち負けがつきます。当然、勝ったほうは負けたほうから奪い、自分に協力してくれた人にそれを分配します。

また、戦乱が起こらなくても幕府の政治的なパワーが強いときは、既存の守護を交代させることで領地を取り上げて別の人に与えることも可能でした。特に室町時代になると、新興勢力である臨済宗がその恩恵に浴することとなります。

南北朝の内乱により、荘園の多くが「半済地」や「兵粮料所」として武士に押領されたり没収されたりしたので、荘園制はおおむね大きな打撃を受け、特に南朝方皇室領や公家領、一般社寺領が荒廃し、多く没落していった。この中で、大和一国の守護権をもつ興福寺＝春日社と、近江の大半に広大な荘園を展開していた延暦寺の二大本所、いわゆる南都北嶺を中心とする一部の大社寺のみが、京都・畿内周辺にかろうじて荘園を確保していた。しかしこのような社寺とは対照的に、禅宗に関しては京都および鎌倉の五山を二つの核とする幕府の〝官寺〟として南北朝を通して着々と整備され、五山関係の禅宗寺院の荘園は増大の一途をたどった。〈中略〉

正長元年（一四二八）、将軍の政治顧問であった醍醐寺座主の三宝院満済は、武家伝奏万里小路時房に次のように語っている。

諸五山禅院、掠領をもって押領す等の所領、荘主非分の得利然るべからず。この一段また沙汰あるべきのよし同じく御定なり。

つまり諸国の禅僧が弱い領主の所領を掠《かす》め取り、不当に利をむさぼっているが、これは弊害が多いから対策を講じるようにと将軍の命令があったといっているのである。

（出典：『戦国期の室町幕府』今谷明／講談社学術文庫）

禅僧といえば読経や座禅など宗教活動をしているのかと思いがちですが、必ずしもそれだけが仕事ではありませんでした。荘主というのは禅僧のまま荘園の経営者になった人を指します。実は、室町時代にはこういう「やり手経営僧」がたくさんいたのです。

しかし、別にこれは新しいビジネスモデルではありません。例えば、平安時代の大和国（奈良）では藤原摂関家の氏寺であった興福寺が、奈良時代からの老舗である東大寺を駆逐して支配権を確立しています。そのビジネスモデルは藤原氏の代理（代官）として領地経営にあたり、中央政界で活躍をする藤原氏に「上がり」を提供することでした。

「日明貿易」の陰のフィクサー・京都五山

興福寺のすごいところは藤原氏が政治力を失って没落した後も領地支配のシステムを継続した点にあります。奈良における興福寺のパワーはあまりにも強く、鎌倉、室町時代を通じて、幕府は守護を置くことができませんでした。もうここまでくると、宗教団体というよりは地方軍閥に近い存在だったと言えるでしょう。当初は藤原家の領地だった大和国はいつの間にか興福寺の荘園になってしまったのです。

臨済宗が荘園を獲得したのもこれと同じパターンです。1195年に博多「聖福寺」が開かれましたが、その後も臨済宗は鎌倉幕府の援助を得て、13世紀に「鎌倉五山」（建長寺・円覚寺・寿福寺・浄智寺・浄妙寺）を相次いで開山しました。その後、大きな戦乱などがあると幕府は負け組の領地の一部を寺社領として分け与えました。

室町時代になると京都にも五山禅院が開かれ、臨済宗の勢力はますますパワーアップしました。京都五山のヒエラルキーは次のようになっていました。（便宜上、これ以降臨済宗のことを「五山」と呼称し、特に断りのない限り「京都五山」を指すものとします）。

五山の上…南禅寺
五山……天龍寺・相国寺・建仁寺・東福寺・万寿寺
十刹……等持寺・臨川寺・真如寺・安国寺・宝幢寺・普門寺・広覚寺・妙光寺・大徳寺・龍翔寺
■以下、諸山や末寺

この巨大な寺院のネットワークはいったい何をするために構築されたのか。もう想像するのは難しくないと思います。前掲書の今谷明氏は次のように説明しています。

これらの禅院は、経済的にどのような性格を持つ団体であったか。この『御前落居奉書』を検討して判明することは、

（一）多くの所領を有する一大荘園領主であること。
（二）禅僧個人（都管・蔵主等で呼ばれる）もまた私的に相当の財貨を蓄積してい

る有徳人であること。
（三）南都北嶺等旧仏教系の荘園の代官（すなわち徴税請負人）となっている禅僧が存在すること。

これらの事実は、五山禅院が、没落しつつある旧仏教系荘園領主や公家などとは全く性格のちがった新興の領主階級であることを物語っている。
（出典：前掲書）

このようにして五山は博多の貿易利権と全国各地の荘園利権から上がってくる莫大な利益を、便宜を図り庇護《ひご》してくれる幕府にキックバックします。五山制度はインドの五精舎などに由来するそうですが、実際には権力者を経済的に支える強力なシステムだったのです。栄西が帰国して布教を始めたのは1191年、鎌倉五山で最後に建立された円覚寺は1282年開山ですから、臨済宗はたった100年足らずで鎌倉幕府最大のスポンサーにのし上がったことになります。

鎌倉幕府の発展と臨済宗の発展は車の両輪でした。そのビジネスモデルは平安時代における藤原氏と興福寺の関係とまったく同じです。それはつまり鎌倉幕府が政治的な闘争を行うための軍資金を鎌倉五山が領地の経営や支那との交易によって稼ぎ出すということに他なりません。

鎌倉五山は幕府に便宜を図ってもらうことでマーケットを広げ、その見返りとしてその収益の一部をキックバックします。つまり、臨済宗などの寺社勢力と幕府の実質的な関係は「お代官様と越後屋」だったのです。寺社勢力とは見た目は宗教団体ですが、実際には「越後屋」の役割を担っていたわけです。

室町幕府はプレイヤーこそ違えど、そのビジネスモデルは鎌倉幕府と変わりません。幕府の本拠地である京都に五山を作って、基本的には鎌倉幕府と同じビジネスモデルを構築しました。いつの時代も、権力者は巨額の財政支出を必要とし、それを支えるための巨大なスポンサーが欠かせなかったということです。

このもたれ合い関係は、古代ローマにおける「パトローネス」と「クリエンテス」の関係に似ています。パトローネスとは貴族のことで、クリエンテスとはその従者たちのことを指します。パトローネスは自身の持つ政治的な力を使って、クリエンテスを保護しますが、一方でクリエンテスは兵士として戦争に協力したり、パトローネスが選挙に出馬する際は票集めに協力したりします。

また、クリエンテスが破産しそうになればパトローネスは援助し、パトローネスが戦争で捕虜になればクリエンテスはそこら中を駆けずり回って身代金を集めます。このような持ちつ持たれつの関係が古代ローマにおける「パトローネス」と「クリエンテス」でした。幕府をパトローネス、寺社をクリエンテスと見ればこの関係は非常に似通っています。

歴史の授業で、「平安京遷都は奈良の仏教勢力のパワーが強すぎたので、それから逃れるために行った」と習います。もちろん、当時の日本人は今よりも何百倍も神仏を恐れる気持ちは強かったと思いますが、それと同じぐらい「巨大な越後屋」という実利的な問題があったことは重要です。これこそがまさに日本を動かしている鋼鉄のシステムであり、いずれ信長によって風穴を開けられる対象そのものだったのです。

天台宗(比叡山)と臨済宗(五山)の経済戦争

比叡山の歴史はこの密林に原始的な信仰が寄せられたときから始まる。琵琶湖側の東斜面に突き出た八王子山(牛尾山)の麓には横穴式の後期古墳群が点在しており、五、六世紀頃には集落が営まれ、山には神がまつられたものと推定される。それがなんらかの形式で日吉信仰の源流へとつながっていったのであろう。比叡山はここに聖地としての道場を形成し、その上に巨大な天台仏教をはぐくみ、以来千年以上にわたって日本の歴史的潮流に指導的役割を演じてきた。

（出典：『比叡山史』村山修一／東京美術）

比叡山は天台宗が開かれる以前から聖地であり、その歴史は日本の歴史そのものと言っていいほど古いものです。もともとあった日吉社への信仰に延暦寺という最強の仏教の聖地が重なれば、今でいう最強のパワースポットとして誰もが崇《あが》めるのは当然です。しかも近江国という京都と北陸を結ぶ「シーレーン」上に多数の荘園を所有していました。まさに、日本の大動脈を押さえる最強最古の寺社勢力が比叡山延暦寺だったと言っていいでしょう。

五山が勢力を伸長していくに当たって、常に利害が衝突するのもこの比叡山でした。いくら五山が室町幕府にくっついているからといって、老舗のパワーは侮れません。京都ではたびたび五山と比叡山が衝突する事件が発生しました。

比叡山の主な収入源は関所と金融と荘園でした。琵琶湖は北陸の物資を畿内に届けるための「シーレーン」だったので、比叡山は「湖上関」という関所をいくつも設けて膨大な通行料を徴収していました。しかも、その数が半端ではありません。

坂本七ヵ関、堅田関所、日吉船木東・西関、湖上奥嶋関の十一ヵ所があった。坂本七ヵ関は日吉七ヵ関ともいい、本関に加え、導撫関、講堂関、横川関、中堂関、合関、西塔関であって、伽藍ごとに関所を要していたことがわかる。

(出典:『近江から日本史を読み直す』今谷明/講談社現代新書)

そしてもうひとつの柱の金融業は主に日吉神社の神人《じにん》たちによって営まれました。日吉神社は比叡山の荘園から納められる米を日吉上分米として高利で貸し出していました。当時の金利は月利8%という高金利で、1年間借りれば金利が元本と同額になるほどでした。もちろん、現在の利息制限法ではこんな高金利は違法です。いまなら闇金に分類されるレベルの金融業者だったということです。

しかし、こんな高金利でも上分米を借りる人はたくさんいました。種籾の貸し出しは「出挙《すいこ》」と呼ばれ、古くから日本にある伝統的な金融の仕組みであり、別にことさら日吉神社が悪質な金融業者だったというわけではありません。

稲作は、一粒のモミが苗になって田植えで分蘖《ぶんげつ》し、稲穂になるとすくなくても一〇〇粒を超えるモミがつく。江戸時代の農書『百姓伝書』によれば、やせた薄田の場合でも一つの稲穂に50粒、肥沃な上田では一八〇から三〇〇粒の籾粒をつけると記している。古代中世でも一〇〇から二〇〇倍を超える収穫になる。それゆえ、借りた種籾に五割や十割の利子をつけて返却しても、収穫する農民にとってはまったく苦労することではなかった。稲作の生産力はおどろくほど高く、社会の富の源泉であった。そのため、稲作では春に、より良質な種籾を借りて良質な苗をつくり、分蘖しやすいように田植えをし、秋の収穫期に利子をつけて返すということが習慣になっていた。これを出挙といった（筆者注：分蘖……イネ科の作物が地面に近い茎の関節から枝分れすることを指す）。

（出典：『中世の借金事情』井原今朝男／吉川弘文館）

米が持つ爆発的な生産性により、貸すほうも借りるほうも月利８％という高金利などまったく気にする必要がなかったのです。しかし、これはあくまでも気候に問題がないときの話です。

第１章でも触れた通り、14世紀半ばから19世紀半ばにかけて、地球は小氷期を迎え、全体的に寒冷な気候が続いたと言われています。冷夏などによってその年の収穫が半滅、あるいは全滅してしまうと、借り手の農民は借金の返済に苦慮することになります。鎌倉時代、室町時代はたびたび借金を帳消しにするという「徳政令」が発布されましたが、その理由はまさにこういった気候変動による農業被害が原因でした。

当初は種籾の貸し借りから発達した金融業は銭貨の流入によって、近代的な意味での貨幣を使った金融へとシフトしていきます。特に都市部は貨幣の貸借が主流となります。日吉の神人は京都の町に土倉と呼ばれる金融業を開業し、そのシェアは南北朝期においては約8割だったと言われています。

比叡山の「パワー」の源泉

さらにこれに加えて、比叡山には近江地方を中心とした巨大な荘園が存在しました。度重なる焼き討ちと徹底した破壊でその全容はつかめていませんが、最もパワフルだった鎌倉時代末期には6万石の寺領を有したと言われています。下級僧侶が武装し、いわゆる僧兵になったのはまさにこの寺領を自衛するためでした。

そんな強力な力を持った比叡山（天台宗）が、鎌倉から京都に進出してきた新参者の五山（臨済宗）を放っておくわけがありません。いくら室町幕府が五山を擁護しようと、比叡山はそんなことにお構いなく徹底的な妨害活動をしました。

室町時代に入って間もなく起こったのが、１３４５年の京都・天龍寺落慶法要における比叡山延暦寺（山門僧）の強訴《ごうそ》事件です。

光厳《こうごん》上皇が天龍寺の落慶法要の式に臨席することに対して、山門僧は「いま比叡山は荒廃して復興の工事も起こされていないのに、天子本命の道場たる延暦寺を差し置いて禅宗を厚く遇し、天龍寺を勅願寺とし、御幸になることは許せない」との難癖をつけたのです。要は、伽藍《がらん》を新築したいので予算を回せということです。山門僧（比叡山の僧侶の呼称）はいつもこういう高飛車な要求を突き付けては幕府や朝廷に強訴するというのが定番でした。

そして、比叡山の強訴といえば「日吉社の神輿」が名物です。神輿とは神の輿ですから、神様そのものであり、神聖な者しか触れることができません。それ以外のものが触ると大変なことになります。当時は神仏を恐れる気持ちが今の何百倍もありましたから、こんなものを京都の町中に持ち出されると市中は大パニックに陥りました。

このときも、日吉三社の神輿を中堂に振り上げて今にも京都にもっていくぞという姿勢を示しただけで幕府はヘナヘナと折れてしまい、落慶式の上皇の臨席は中止されました。この時点では、いまだ五山の力は比叡山を超えるに至っていなかったということとです。

しかし、1367年に起こった南禅寺楼門撤却事件から情勢は変化します。この事件はこの年の6月に起こった殺人事件に端を発します。五山の最上位に位する南禅寺（五山）は楼門を新造するための費用を稼ぐ目的で関所を作って関銭を取っていました。ところが、大津にある園蔵寺（通称「三井寺」と言われる天台宗の寺院。比叡山延暦寺とはいつも内輪もめをしていて仲が悪い）の小僧がこの関所を通るとき、子供だからという理由で関銭を払わずに通過しようとしたのです。当然、この行為は南禅寺の僧たちに咎められ、激論となります。そして、話がこじれてこの小僧が殺害されてしまったのです。

これに怒った園城寺の僧兵たちは南禅寺の関所に殺到し、報復として関所を破壊しました。その際、南禅寺の僧侶が計8名殺害されています。まさに、「仁義なき戦い広島死闘編」も真っ青の展開です。

五山側は抗議の意思を表明するため、天龍寺、東福寺、万寿寺の住持たちがいっせいに辞任し、幕府に対して救済を求めました。これに対して幕府は侍所頭人今川貞世《いまがわさだよ》に命じて、山科から大津にかけて存在した園城寺所管の荘園を焼き払い、園城寺の子院である聖護院、実相院、円満院の領地を没収しました。幕府と五山は表裏一体だけに、この報復はかなり過剰だったようです。

この事件はもともと伏線がありました。五山の荘園は北陸地方に多く、物資を運ぶためにはどうしても比叡山の領地である近江を通過せざるを得ません。このことが五山と比叡山の潜在的な対立の原因にもなっていたのです。

京都の五山は主として北陸道方面に多数の荘園をもっており、その年貢運搬の喉元を押さえる形で立ちはだかる、古代以来の権門延暦寺との経済的利害はことごとく対立し、その緊張関係は一触即発の状態にあったのである。本来園城寺と延暦寺は同じ天台宗でありながら犬猿の仲で、従来より確執が絶えなかったのだが、三井寺（園城寺の別名……筆者注）の救援要請に対して、叡山が一議におよばず同心していることは、この事件に旧仏教側がいかに大きな危機感を抱いていたかを示すものである。

（出典：『戦国期の室町幕府』今谷明／講談社学術文庫）

五山と幕府が結託した過剰な報復に対して比叡山も黙っていません。まずは旧仏教系で奈良の「領主」である興福寺を引き込み、翌年の１３６８年８月には禅院の罪状を31か条書き連ね、幕府に対して強訴するという反撃に出ました。比叡山からの強烈な反撃に対して、五山贔屓《びいき》の幕府は、当初この強訴に対して静観の姿勢をとっていました。しかし、比叡山の山徒が日吉社の神輿を担ぎ出して京都御所の近くに放置するという実力行使に出たことで、幕府の管領であった細川頼之は完全にビビってしまいた。

比叡山は朝廷・公家にも手を回して、「31か条のうち特に強く主張していた3点（①南禅寺の破却、②五山の名僧、春屋妙葩《しゅんおくみょうは》の追放、③禅宗以外の他宗派は邪法であると批判した定山祖禅の流罪）のうち、③を幕府が飲めば比叡山が強訴を取り下げる」という調停案を出しました。ビビっていた頼之は簡単に比叡山の術中にはまり、この調停案を飲みます。

ところが、定山祖禅の流罪に気を良くした比叡山側は、要求をさらにエスカレートさせます。まさに韓国が日本に対して行う「ゴールポストを動かす行為」さながらに、①の南禅寺の破却も実行せよと迫ったのです。

1369年4月21日、比叡山の山徒は再び日吉社の神輿を京都に担ぎ出して今度は京都御所に迫りその付近を放火して回るという暴挙に出ました。ただでさえビビっていた細川頼之はこの事態にさらに動揺し、南禅寺楼門の撤去で妥協を図りました。この年の7月、ついに後光厳天皇から南禅寺楼門撤去の勅命が発せられます。そもそもこの楼門は建立したばかりで新築同然だったのですが、比叡山の山徒たちは楼門が完全撤去されるまで神輿を引き上げないと強弁したため礎石を引きはがすほどの完全撤去がなされました。8月2日、楼門が完全に撤去されたことを確認して、日吉社の神輿はようやく京都から比叡山に戻りました。

建造されたばかりの仏閣が、時の最高権力、しかもその庇護者（大檀越）であるべき幕府によって破壊されるということは未曾有の事件であり、旧権門の雄である延暦寺は、当面その目的を達したのである。〈中略〉

この山門－五山相論の結果は、南北朝の動乱という一大社会変動にもかかわらず、北朝方に一貫して与同し、そのため朝廷・幕府の権力闘争からは中立でありえた延暦寺が、依然として幕府・守護大名にまで大きな影響力を与えられるほどの政治的実力を持っていたことを、まざまざと見せつけた。

（出典：前掲書）

ついに、五山が優位に！

しかし、その後五山と比叡山の対立を巡る事態は急変します。１３６３年の山名時氏の降伏で南朝は事実上壊滅していましたが、この年（１３６９年）残存する南朝の最高指揮官でもあった楠木正儀が北朝に寝返ったことで北朝を擁する室町幕府の政治的な安定性が強化されました。その結果、細川頼之の日和見《ひよりみ》的な対応に不満を持っていた守護大名たちが、五山のサポートに声を上げるようになったのです。将軍義満は当初は現職の管領である細川頼之の肩を持っていました。

しかし、頼之が次第に守護大名の間で孤立してくると、義満は突然手のひらを返して反頼之派（斯波義将《しばよしゆき》、佐々木高秀《ささきたかひで》、土岐頼康《ときよりやす》ら）に寝返りました。１３７９年に反頼之派は大軍を引き連れて義満に管領頼之罷免を求め、義満はこれをあっさり認めてしまったのです。４月４日、頼之は出家し、四国へと落ちていきました。それはいわゆる無血クーデターだったと言われています（「康暦《こうりゃく》の政変」）。

このクーデターの背後には五山の陰がちらつきます。なぜなら、五山の名僧で、比叡山から名指しで懲罰を要求された春屋妙葩が、なんと頼之追放の翌日には京都に帰ってきていたからです。天龍寺の雲居庵の記録によれば、春屋妙葩は西芳寺（京都にある臨済宗天龍寺の境外塔頭、通称「苔寺」として知られる）で喫茶の饗応を受けたとのことです。南禅寺楼門事件の後、春屋妙葩は丹後に隠棲しており、頼之失脚の報を聞いてから京都に駆けつけてもその翌日に到着することは不可能です。

前出の今谷明氏は、おそらくクーデターの当事者である「斯波義将あたりから通報されたことは確実である」と断じています。

私はむしろこのクーデターの黒幕こそが春屋妙葩だったのではないかと邪推します。南禅寺楼門事件から苦節10年、春屋妙葩はじっと反撃の機会を待っていたのでしょう。

このクーデターの成功により、五山は幕府内諸権門のうち最大の勢力として君臨することが決定的となりました。ついに宿敵比叡山をねじ伏せたのです。

義満の時代の政治の安定の真相は、五山の経済的なパワーの強化に他なりませんでした。義満が室町幕府最強の将軍でいられたのは、五山の強大化を黙認し、政治的なバランスを取りながら自分をサポートさせたからなのです。

そして、義満は１４０１年に支那との貿易を復活し、五山にたんまり儲けさせてやる代わりに自分の政治権力を支えるように仕向けました。室町幕府と五山のもたれ合いはこの後応仁の乱まで続きました。

五山に政治的な巻き返しを許し、主導権を奪われた比叡山には、この後さらなる過酷な運命が待ち受けています。織田信長によって焼き討ちされる136年前に、6代将軍足利義教によって比叡山は徹底的な弾圧を受けるのです（この点については第三部以降で詳しく述べたいと思います）。

第4章　京都五山のビジネスと本願寺の苦難

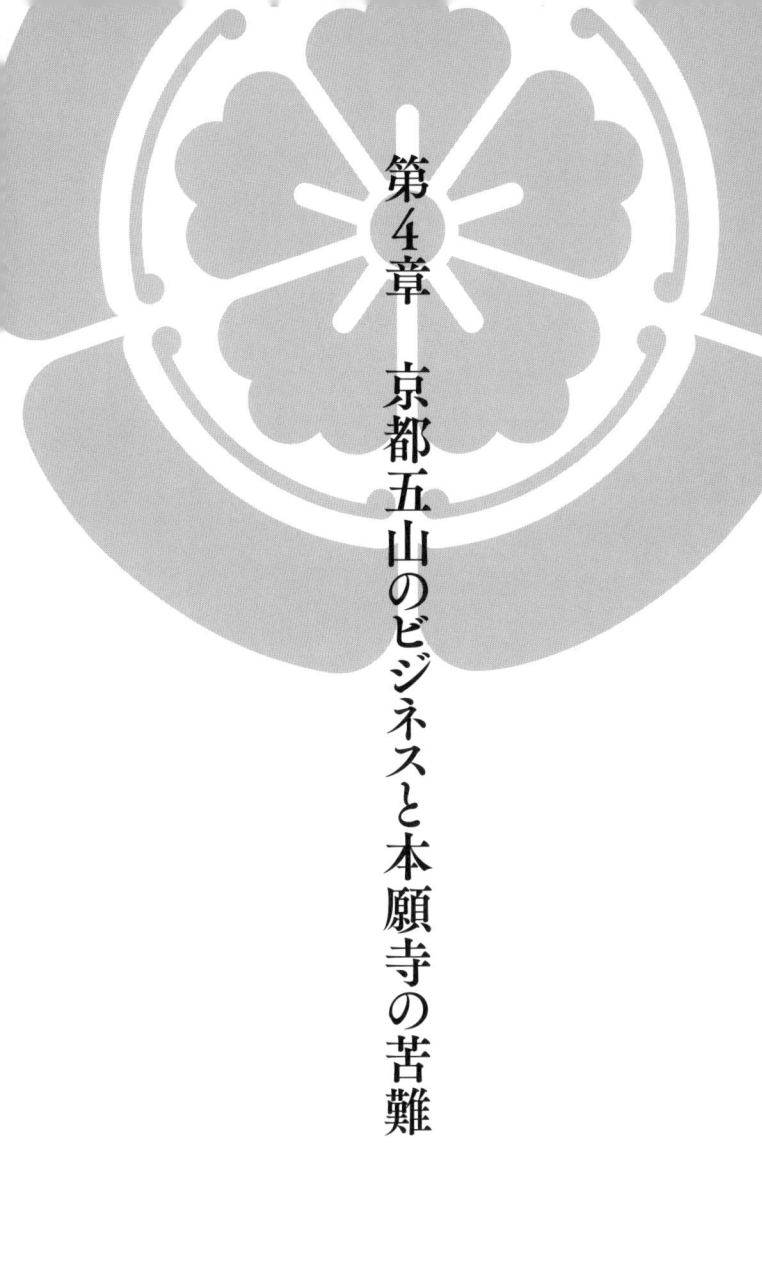

寺社勢力の金融利権

再び話を「五山」に戻しましょう。

比叡山をはじめとする旧仏教勢力から主導権を奪った五山は彼らと同じビジネスモデルを展開しました。前章の冒頭で説明した交易、荘園経営などがそれに当たりますが、彼らが旧仏教勢力から奪った利権はこれだけではありません。土倉、酒屋といった金融業も五山の系列寺院の門前町で派手に展開しました。

その元手になったのが「祠堂銭《しどうせん》」です。祠堂銭とは先祖の供養のために祠堂を管理する費用として寺院に寄進する金銭のことです。寺院はこのお金を運用してその利益を祠堂の管理に充てるのが建前ですが、いつの間にか運用のほうがむしろメインになってしまいました。

第1章で述べた通り、寺院は巨大貿易商社であると同時に中央銀行でもあります。祠堂銭は門前町の土倉や酒屋に低金利で貸し出され、土倉や酒屋はそれにプレミアムを付けて市中に貸し出すことで利鞘《りざや》を稼いでいました。五山が土倉や酒屋に貸し出す金利は月利2%、土倉や酒屋が市中に貸し出す金利は月利8%です。

図 20　概念図

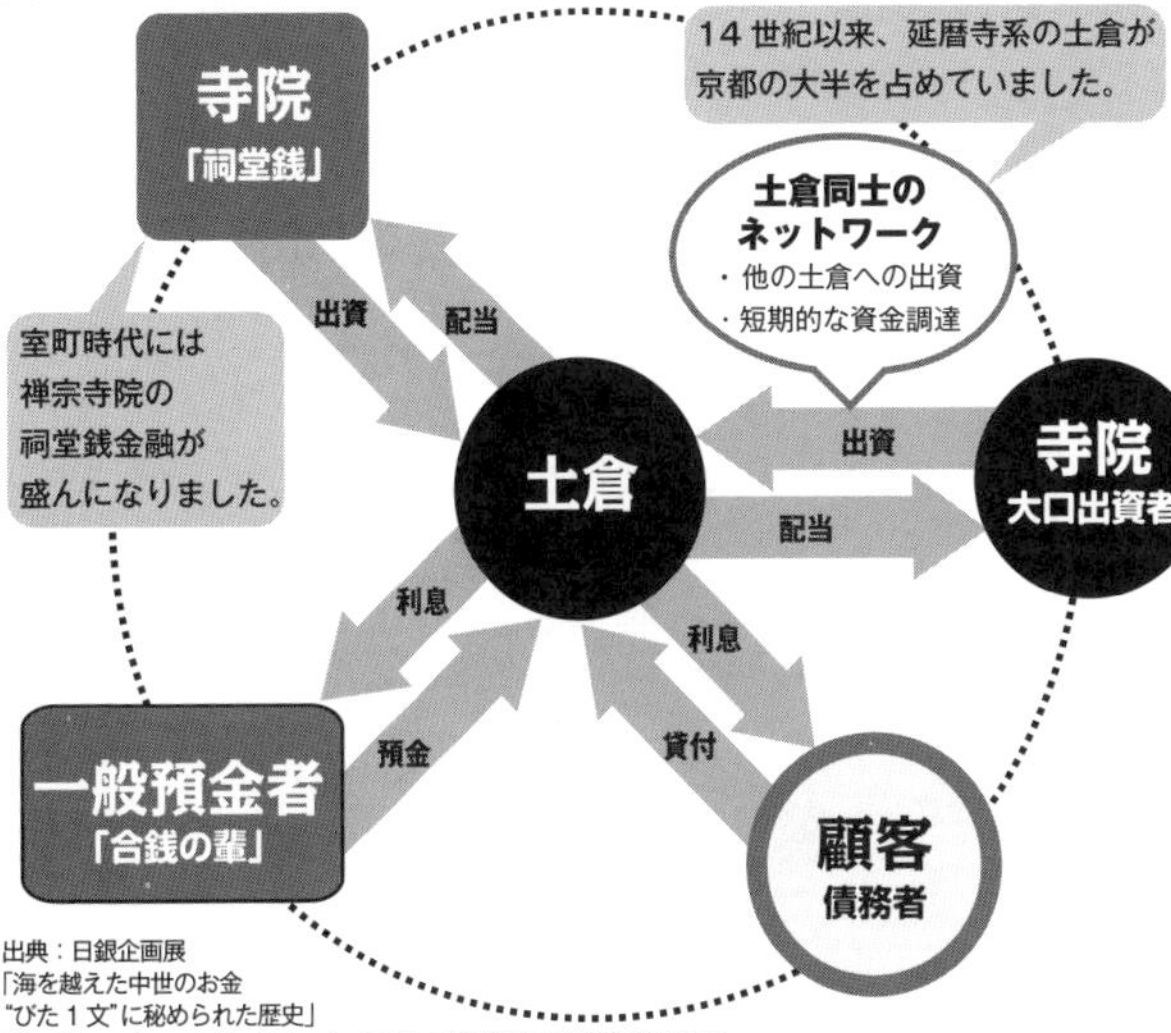

出典：日銀企画展
「海を越えた中世のお金
“びた１文”に秘められた歴史」
http://www.imes.boj.or.jp/cm/exhibition/2009/k_20091010.html

もともと金融利権は比叡山の専売特許でしたが、五山がこの分野でも徐々に浸透し、比叡山から主導権を奪っていきました。

五山に限らず、当時の寺院では宗教活動をメインにする禅僧集団を西班、寺社の経理や財務、および荘園経営を担当する禅僧集団を東班と呼んでいました。

東班の最高位は都管《つうがん》で、その下に東班六知事——都寺《つうす》・監寺《かんす》・副《ふう》寺《す》・維那《いのう》・典座《てんざ》・直歳《しっすい》——の各役職があります。

臨済宗の東班衆はその徴税能力や金融技術を駆使した資産運用などが高く評価されていました。

15世紀に入ると五山の資産規模は文字通り「室町幕府を食わせられる」状態まで膨れ上がります。具体的にどれぐらいの規模だったのか、その詳細は文献史料が散逸していてつかめていません。

しかし、荘園の数は南禅寺だけで加賀を中心に29か所、東福寺だけで22か所もありました。東福寺の記録は戦国時代の記録なので、室町時代中期にはおそらく南禅寺と同程度の荘園を有していたことでしょう。五山より1ランク下の十刹ですら長福寺は7か所、宝幢寺に至っては23か所の荘園を保有していました。今谷明氏の前掲書によれば、五山、十刹とその下にある諸山や地方の末寺まで含めた荘園数は合計で数千か所に上り、それらが全国各地に点在していたとのことです。

これらは荘園ですので、基本的に幕府からの徴税は免除されています。もちろん、その代わりいざというときは幕府の財布として財政面をバックアップするという持ちつ持たれつの関係でした。

五山の「総資産」を推計する

では、次に五山の荘園に上納される年貢の金額から、五山の総資産規模を推計してみましょう。「天龍寺は丹波を中心とした三十一ヵ所の荘園から都合米穀で二千四百二石、銭貨で五千七百二十一貫文、合わせて八千百二十三貫文という膨大な年貢を収納していた（今谷明／前掲書）」そうです。この金額は当時の皇室の荘園からの年貢四千貫文をはるかに上回ります。

しかも、これは五山の中の1寺の収入にすぎません。五山といっても南禅寺＋5寺ですから都合6寺ありますので単純にこれを6倍すると4万8738貫文になります。先ほどの今谷氏の推計によれば、荘園の数は五山の1つの寺の約100倍が五山系諸寺の全荘園数の推計値になります。よって、五山に十刹や諸山、末寺まで加えれば優に80万貫文は超えたのではないでしょうか。

五山の荘園は毎年80万貫文の配当金を永久に受けられる債券だと仮定することが可能です。当時の金利は月利8％ですので、単利計算で年利96％とします。これを割引率とすると、五山の荘園の資産価値が求められます。

80万貫文 ÷ 0・96（割引率）＝83万貫文

年貢の規模と実際の資産価値はほとんど変わりませんでした。室町時代の融資はリスクが高く、割引率が相当高いためです。五山の所有する資産の評価額はキャッシュフローとほぼ同額の83万貫文です。

次に、五山の所領を石高で換算してみましょう。五山のひとつ天龍寺は31か所の荘園から年間で「米穀で二千四百二石、銭貨で五千七百二十一貫文」を収納していました。第1章でも説明した通り、当時の米価の実勢レートは1石当たり0・5貫文です。よって、銭貨で5721貫文の収納高は米穀で1万1442石に相当します。

〔天龍寺の推計石高〕
米穀2402石＋銭貨収納高換算額1万1442石＝合計1万3844石

1寺当たり1万3844石を5山に南禅寺を合わせた6寺分として6倍すると8万3064石です。もうこの時点で有史以来最強の寺社勢力であった比叡山延暦寺の寺社領6万石を超えています。これに十刹、諸山、末寺まで合わせれば全体の合計は五山の1寺院の100倍ですから約13万8千石程度になると推計することができます。

しかも、これは戦国時代以降の大規模な治水工事や新田開発をする前の数字ですので日本全体の石高に占める割合は相当なものだったと言わざるを得ません。五山全体の経済力のボリュームはまさに想像を絶するレベルだったことがわかります。

さらに、五山の経済支配は自分の持つ荘園だけにはとどまりませんでした。東班衆はその徴税能力の高さから各地の荘園で引っ張りだこだったのです。例えば、五山の一角である南禅寺の都聞《つうぶん》は真言宗の醍醐寺において五大堂を改修する際の会計責任者として就任していますし、相国寺の都聞であった正盛は河内17か所の幕府直轄地の代官職に任命されました。

また、相国寺の都寺であった乾嘉《けんか》は、旧仏教勢力の一員で五山とは対立していた東寺の若狭太良庄の代官を務めました。エグすぎる年貢の取り立てに領民の訴えが相次いだため、雇い主の東寺から解任されるぐらいでした。

ちなみに、乾嘉は商才があったらしく、１４４０年に将軍義教に１００貫文を献上し、その後は相国寺六知事の最高位の都聞職に就任して全国各地の荘園経営に辣腕《らつわん》を振るったそうです。五山の荘園は隣接する他の寺院の荘園とも境界紛争などもたくさん抱えていましたが、仕事ができる乾嘉はおそらく訴訟においても容赦なく勝ちまくって相手の恨みを買ったのでしょう。残念ながら１４６２年に比叡山の僧兵によって暗殺されてしまいました。

スゴ腕の取り立て屋「五山東班衆」

禅宗と激しく対立した奈良の興福寺ですら、五山東班衆の徴税能力と事務処理能力の高さを認めざるを得ませんでした。摂津国兵庫関という興福寺の荘園では１４４１年ごろから五山東班衆を採用したとの記録もあります。このほかにも公家や御家人の領地などにも徴税代行業者として東班衆は入り込みました。

東班衆は代官業務を代行することで、年貢額の二割を手数料として徴収しました。そして、その資金を逆に荘園領主に貸し付けていました。貸付金の担保はもちろん翌年の年貢です。ところが、年貢を担保にすることにはこの時期大きなリスクがありました。なぜなら、第１章でも述べた通りこの時期は小氷期に当たっていて天候不順が頻発したからです。

１４００年から１４３０年ごろまでの間は温暖化が進みましたが、その後１４３０年から１４６０までが寒冷化が進行し、アテにしていた年貢が得られないことも多かったでしょう。五山の東班衆が栄華を極めた15世紀半ばはちょうど寒冷化の時期に当たっているのも偶然ではありません。

担保である翌年の年貢が不作で徴収できないという異常事態ともなれば、借金の返済が滞ります。当然のことながら、返済が滞れば担保が流れてしまいます。最悪の場合、借金のカタに領地そのものを東班衆に奪われることもあります。

『御前落居奉書』『御前落居記録』には約百点ほどの訴訟史をおさめているにすぎないが、すでに見たように幕府権力が最も伸長した義教政権初期のものであり、これを検討することによりほぼ室町盛期の幕府の政策方針をうかがうことができると考える。〈中略〉

鎌倉時代とは全く様相を異にして、禅宗寺院関係の者が訴訟の当事者になっている例がかなり見られることである。〈中略〉

水墨画と枯山水の庭園、五山版等文化面でしかほとんど語られていない禅寺の僧侶たちが土倉等の有徳人に対抗して相論訴訟を行っているという状況は、いささか意外な感を抱かせる。しかしこの点こそ、実はこの時代の本質的な政治、経済問題がひそんでいるのである。これら五山禅院の関係した紛争を検討してみると、多くは相手方に対して勝訴している例が多いことに気づくであろう。つまりこれら禅宗寺院は幕府から手厚い政治的保護を受けていたと推測される。

（出典：『戦国期の室町幕府』今谷明／講談社学術文庫）

頭が固くてボケっとしていた公家や御家人、時代の流れについていけない旧仏教勢力は五山の東班衆の前になす術《すべ》もなく資産を切り取られていったことが容易に想像されます。ただでさえ仕事ができるうえに、訴訟でも贔屓《ひいき》されている東班衆が、富を収奪された人から恨みを買うのもまた当然でした。

泣かず飛ばずの本願寺

五山（臨済宗）は幕府の力を得て、ついには旧仏教勢力の盟主比叡山すら屈服させるほどの急成長を遂げました。これに対して本願寺（浄土真宗本願寺派）は同じ鎌倉時代の新興宗教でありながら、勢力の拡大は最も遅れていました。

本願寺の中興の祖と言われている蓮如《れんにょ》が第八世法主に就任したのは1457年でしたが、この時期はまさに本願寺は泣かず飛ばずのどん底時代でした。福井県あわら市にある吉崎御坊蓮如上人記念館のホームページには次のような記載があります。

（蓮如上人が）長禄元年（１４５７）本願寺第八世を御継職されると、近江の教化につとめます。蓮如上人は、「御文」による文書伝道や名号の精力的な下付など、独自の布教活動を展開され、それによって本願寺の教線は大きく伸展しました。

しかし、比叡山延暦寺衆徒の本願寺破却に遭い、親鸞《しんらん》聖人の御真影を奉じて近江の金森、堅田、大津を転々とされます。文明３年（１４７１）、ようやく越前吉崎に坊舎（吉崎御坊）を建立されるに至りました。吉崎御坊にはまたたく間に多くの参詣者がつめかけるようになり、その周囲には「多屋」と呼ばれる宿坊が軒をつらねて、吉崎は一大佛教都市になりました。

しかしながら、吉崎御坊に人々が集まれば集まるほど、周囲の権力者や他宗との間に軋轢《あつれき》が生まれます。そういった状況をおさえるため、蓮如上人は、文明７年（１４７５）吉崎を後にされました。

その後、蓮如上人は、摂津・河内・和泉に布教されます。

（出典：吉崎御坊蓮如上人記念館　http://honganjifoundation.org/rennyo/rennyo/rennyo01.html）


しれっと書いてますけど、「比叡山延暦寺衆徒の本願寺破却に遭い、親鸞聖人の御真影を奉じて近江の金森、堅田、大津を転々とされます」というのは尋常ではありません。要するに、蓮如が布教活動していたら比叡山の僧兵がやってきて寺を壊されて追い出されたということです。

ことの発端は蓮如が法主になって8年後、１４６５年の事件です。蓮如が「帰命尽十方無碍光如来」というお札を信者に配って拝ませたことに、比叡山が「邪教だ！」と言いがかりをつけたのです。京都にあった総本山・大谷本願寺はたちまち１５０人の比叡山衆徒に襲撃され、徹底的に破壊されました。

しかも比叡山はこれだけでは飽き足らず、和睦《わぼく》の条件として本願寺に毎月30貫文を比叡山三塔に納入すること、飯室谷不動に1貫50文を支払うことを約束させてしまいました。難癖をつけて建物を壊し、金まで巻き上げていくという乱暴狼藉《ろうぜき》ぶりは、現行の暴対法なら完全にアウトです。もちろん比叡山にはそんなことは関係ありません。この事件で、本願寺は比叡山の妙香院の支配下に入るという事態に追い込まれました。暴力団の抗争で負けた組が和解の条件として勝った組の傘下に入ったと考えればわかりやすいと思います。

もちろん、比叡山のあまりに強引なやり方は当時の民衆の離反を招きました。特に、この頃本願寺（浄土真宗本願寺派）や法華宗（日蓮宗）が民衆への布教を強化して勢力を拡大しつつありましたので、長期的な力関係の変化は決定的だったと思われます。とはいえ、この時点では比叡山の政治力はまだ巨大であり、これに勝てる宗教団体は五山ぐらいしかいませんでした。

起死回生のイベント「報恩講」

蓮如は京都における布教の拠点を失い、河内や大和を放浪して最後は近江にたどり着きました。比叡山衆徒の襲撃事件から1年後の1466年、蓮如は金森（現在の滋賀県守山市）に新たに拠点を構えます。しかし、6月になると再び「奴ら」がやってきました。そうです、〝恐怖の山〟比叡山の山徒たちです。

日浄坊に率いられた三百人余の暴徒が突然山から下りてきて金森を包囲しました。蓮如はこのとき拉致《らち》されそうになりピンチを迎えます。しかし、本願寺側も近隣の赤野井の慶乗らが駆けつけこれに反撃し、日浄坊を殺害します。蓮如は「人を殺すとは何事か！」と逆に怒ったそうです。この事件は「金森合戦《かねがもりのかっせん》」と言い、歴史上初めての「一向一揆」だと言われています。

山徒を撃退した蓮如は同年11月に「報恩講」という一大イベントを開催しました。

浄土宗本願寺派西本願寺での報恩講の様子（写真：産経新聞）

真宗教団連合のＨＰによれば、「報恩講は宗祖親鸞聖人のご恩をしのび、そのご苦労を通じて、阿弥陀如来のお救いをあらためて心に深く味わわせていただく法要」だそうです。

現在でも、「報恩講」は浄土真宗（本願寺）における最大のイベントです。京都西本願寺では毎年1月9日から16日までで「御正忌報恩講」が執り行われます。

不本意な形で京都を追い出された蓮如が教団を立て直すためには、翌年の「報恩講」開催は必要不可欠な条件だったのではないかと推察します。とりあえず、蓮如はしつこい比叡山の攻撃を撃退し、報恩講を実施したことで、近江からの再スタートを誓ったことでしょう。

翌年（１４６７年）、蓮如は琵琶湖の対岸の堅田・本福寺に拠点を移して再び「報恩講」を開催しました。現地の農民や商工業者など、庶民の多くが蓮如に帰依したと言われています。

ところが、比叡山の極道ぶりは蓮如の想像を絶していました。同年に「応仁の乱」が発生すると室町幕府の統制が緩み、近江地方の治安も大幅に悪化します。悪いことに近江を統治していた守護の京極氏、六角氏がそれぞれ東軍、西軍に分かれ、近江が戦場になってしまうのです。このとき比叡山は東軍に味方し、僧兵を繰り出して六角氏を攻撃したりしています。もう治安は滅茶苦茶です。琵琶湖の水運業者たちも、湖だけに「湖賊」化して京都を逃れてきた公家から金品を巻き上げてやりたい放題となりました。

「恐ろしき山かな」——蓮如のつぶやき

ここで再び蓮如に悲劇が起こります。１４６８年に将軍義政が造営していた「花の御所」の用材を積んだ船が堅田の湖賊に襲撃されるという事件が発生したのです。幕府は比叡山に対して報復するようそそのかします。

比叡山は折から自分の縄張りを荒らす本願寺を快く思っていませんでした。後述しますが「ビジネス」の邪魔にもなっていたのです。幕府が与えた大義名分は比叡山が本願寺を弾圧する口実としては最高でした。

比叡山の「戦力」をもってすれば、堅田の町を焼き払うのは簡単なことです。本気を出した比叡山の軍事力の前に、堅田の町はあっという間に全焼しました。蓮如をはじめとした本願寺の門徒は船に乗りこみ、命からがら近江八幡に浮かぶ沖島に避難しました。これが本願寺最大の法難の一つに数えられる「堅田大責《かただおおぜめ》」です。このとき蓮如は船の中から比叡山を見上げ「恐ろしき山かな」とつぶやいたそうです。

後に織田信長を苦しめた一向一揆の首謀者である本願寺は、まだこの時点では比叡山に執拗に虐《いじ》められる弱小教団でした。いったい、蓮如はこの悲惨な状況からどうやって教団を立て直したのでしょうか。詳しくは第6章で解説しますので、少々お待ちください。

＊

「第二部」のまとめ代わりに、信長がぶっ壊そうとしたのはいったい何だったのかを考えてみてください。

信長は延暦寺を焼き、石山本願寺を包囲して降伏させました。そのことで建物が壊れて人が死にましたが、それはあくまでも表面的なものです。信長が本当にぶっ壊したのはその背後にあったものです。それは古くは比叡山が、そして五山が、いずれは本願寺が持つことになる「巨大な越後屋」システムだったのです——。

次章では、信長の先駆者となった武将たちがこの巨大な既得権集団といかに戦ったかを解説していきたいと思います。

第三部　武将と僧侶の仁義なき戦い

第5章　信長の先駆者たち

織田信長には何人かの先駆者がいました。信長の136年前に比叡山延暦寺を焼いた足利義教。「半将軍」とまで呼ばれ、事実上室町幕府を取り仕切った実力者、細川政元。信長よりも先に室町幕府に手を付け、天下人となった三好長慶《みよしながよし》。

いずれも「天下統一」に向けてあと一歩というところまで迫りながら、暗殺や裏切りによって頓挫してしまいました。権力者が突然斃《たお》れると、仲間割れによる戦争がたびたび繰り返されました。そのパターンは毎回似通っており、まるで強迫神経症にでもかかったかのようです。特に、「応仁の乱」以降は、権力者が斃れると内乱が長く続き、しばらく権力の空白が生まれました。

室町幕府の力は畿内に限定されたと教科書には書いてありますが、実際には畿内ですらその力は軽視され、都市や村はたびたび略奪対象となりました。

そのため、ある人は自ら武装し、ある人は地元の代官に助けを求め、ある人は宗教に助けを求めました。自ら武装した民衆は国人となり、人望ある代官は下克上《げこくじょう》で大名になります。宗教にすがる人々は本願寺で「一向一揆」、日蓮宗で「法華一揆」に参加して大暴れです。もうこうなったら何でもアリ！　力だけがモノをいう〝北斗の拳〟の時代がやってきました。まさに「戦国時代」の到来です！

室町幕府の将軍交代劇

時計の針を少し戻しましょう。比叡山に酷い目に合わされた蓮如が生まれたのは1415年、青蓮院で得度して僧侶になったのが17歳（1431年）でした。ちょうど、この間に室町幕府将軍には目まぐるしい交代劇がありました。

1423年4月、4代将軍足利義持から嫡男《ちゃくなん》の義量《よしかず》に将軍職が譲られ第5代将軍が誕生しました。ところが、義量はもともと病弱だったうえに大酒飲みであり、将軍就任後はすぐに体調を壊して1425年の3月に急死してしまいました。享年は数えで19歳、満年齢では17歳でした。

若くして亡くなった義量には子供がいなかったため、大御所として引退していた4代将軍義持が再び将軍に返り咲いて職務を代行していました。少し複雑なので流れを整理します。

3代将軍　義満
4代将軍　義持

5代将軍　義量（2年足らずで逝去）
4代将軍　義持（大御所から返り咲き）
6代将軍　義教

義持は偉大な父の義満に対するコンプレックスがあったのか、父の業績を否定するような所業を多数行っています。義満が1408年に亡くなると、翌年には親父が作った自慢の「花の御所」から出て行ってしまいます。義満が心血を注いで造成した政務の中枢「北山第」はいわゆる「金閣寺」を除いてすべて取り壊してしまいました。

義持は父・義満によってまだ9歳のときに将軍に据えられ、それ以降14年にわたって大御所になった親父の言いなりでした。義満にずっと自分の頭を押さえつけられていたわけです。そのことに対する反発がこれらの行動を招いたのかもしれません。

しかし、親父のことがいくら嫌いだからといって、経済政策まで反発心でやられたらたまったものではありません。義持の逆噴射政策のうちで室町幕府にとって最も致命的だったのが日明貿易の停止です。1411年、義持は明からの使者を兵庫に足止めしたうえ、そのまま京都には入れずに追い返してしまったのです。

貨幣不足の室町時代に、唯一の貨幣量増加手段である支那との交易を止めてしまえば何が起こるかは明白です。ただでさえデフレ基調だった日本経済はこれを境にさらなる強烈なデフレに陥ったことは想像に難くありません。次に日明貿易が再開される１４３２年までの21年間は、まさに「失われた20年」だったわけです。

足利義満のバランス感覚

義持は将軍職に復帰して3年後の１４２８年に腰にできた腫物が悪化して危篤《きとく》に陥ります。ところが、屈折した性格の義持はこのような状態になっても後継の将軍指名を拒否しました。そして、そのまま後継指名せずに死んでしまったのです。

当然、側近たちは慌てふためきました。義持には弟や甥もいたため、下手をすれば将軍の座を巡って戦争が起こるかもしれません。義持の側近で「黒衣の宰相」として知られる三宝院満済《まんさい》はここで機転を利かせます。義持の遺命と称して六条の石清水八幡の神前で籤《くじ》取りを行うこととし、義持の弟（義満の子）である梶井門跡義承、大覚寺門跡義昭、相国寺虎山永隆、青蓮院門跡《しょうれんいんもんぜき》義圓《ぎえん》の中から次期将軍を選ぶことにしました。

さて、この将軍候補者の面々ですが、名前をよく読むと父親の義満の政治的な配慮が伺い知れます。やはり義満は鋭い政治的なバランス感覚を持ち合わせた天才だったようです。

梶井門跡義承＝天台宗三千院（梶井門跡）に預けられていた義承
大覚寺門跡義昭＝真言宗大覚寺派大本山に預けられていた義昭
相国寺虎山永隆＝臨済宗相国寺に預けられていた虎山永隆
青蓮院門跡義圓＝天台宗青蓮院に預けられていた義圓（後の足利義教）

義満自身は五山とべったりだったわけですが、子供は比叡山にふたり、高野山にひとり、五山にひとりとバランスよく配置しています。もうひとりの息子であり、嫡男の義持は9歳から将軍に据えて自分の傀儡《かいらい》にしました。さすがです。

信長よりも先に比叡山を焼いた男・足利義教

さて、三宝院満済がお膳立てした籤引きに見事当選したのが、青蓮院門跡義圓です。こうして1428年、青蓮院門跡義圓は還俗して6代将軍足利義教になりました。

義教は籤引きの結果について「自分は神に選ばれた将軍である」と考えていたようです。義教の治世は専制政治、独裁政治などと言われますが、それは神に選ばれた確信によるものかもしれません。

もちろん、専制政治批判の背景には籤引きという変則的な後継指名に不満を持つ関東公方の足利持氏や、この政治的な混乱を利用して権限拡大を目論《もくろ》む朝廷、公家、守護大名などがいたことでしょう。

このとき伊勢国司の北畠満雅は35年も前の南北朝講和条件が守られていないとケチをつけて反乱を起こしていますし、関東公方の持氏が反乱を起こす準備をしているとの噂もささやかれていました。

義教は自分の政権基盤の不安定性を認識していたがゆえに、常に強硬な態度でことに臨みました。もちろん、義教がかつて世話になっていた天台宗の総本山、比叡山延暦寺とて容赦しません。

１４２８年の将軍就任当初、比叡山は義教を応援するどころか５か条の強訴で困らせました。このときはまだ政権基盤が弱く、義教は全面的に妥協せざるを得なかったのです。

しかし、１４３３年に再び比叡山から12か条（特に、猷秀《ゆうしゅう》法印処分の件）の強訴がなされたときには、義教側の準備は万端でした。

前述の通り義教は将軍になる前は天台宗の門跡寺院である青蓮院にいて、そこで門主を務めていました。この頃から義教は延暦寺系寺院で衆議する際に、いつも過激な意見ばかりいう一部の強硬派には手を焼いていたそうです。「座主や門跡もその過激を抑えることができず、義教自身もいつかは彼らに一大鉄槌《てっつい》を下さんものと深く心に期すものがあったと思われる」と今谷明氏（前掲書）も指摘しています。

今回の比叡山が強訴してきた案件で、一番問題となっていたのは猷秀という有徳家です。猷秀は比叡山のやり手の会計責任者でした。どうも、猷秀は幕府側と内通していた可能性があります。猷秀は延暦寺の「城下町」である坂本の土倉に個人資産を高利で貸し付けておいて、後から貸し剝がしをするといった闇金さながらの行為を働いていました。しかも、猷秀は訴訟手続きを使って厳しい取り立てをします。そして、なぜか訴訟の結果は猷秀に有利な判決ばかり。それもそのはず、訴訟の判決（奉書）を書いたのは、飯尾為種《いいのおためたね》など義教近習《きんじゅ》の奉行だったのです

かつて社会問題になった商工ファンドは利息制限法以上、出資法未満の高金利で企業向けに資金を貸し出し、取り立てにおいては手形訴訟の手続きを悪用していると批判されました。猷秀のやっていたことは商工ファンドがやっていたことにプラスして、

裁判官とグルになって自分に有利な判決を出させるという徹底したものでした。もちろん、その背後には憎き比叡山に一大鉄槌を下そうとしている将軍義教の存在があったのは言うまでもありません。今谷明氏は次のように推察しています。

山徒（比叡山延暦寺の僧侶たちのこと……筆者注）が愁訴しているような没収された延暦寺の荘園は「公家武家」「御料所」にあずけおかれたといってもこれらの経営に堪能なのは結局禅院の東班衆であり、おそらくこれらの闕所の代官には多くの禅僧が請負で入ったものと思われる。

つまりは、山門の奉行飯尾為種・赤松満政らは五山禅院保護の立場から山門（比叡山延暦寺のこと……筆者注）の経済統制強化をはかっていたことにほかならず、山徒衆議の背後には、このような幕府と大権門延暦寺との間の利害対立、矛盾という問題がひそんでいたのである。

（出典：『戦国期の室町幕府』今谷明／講談社学術文庫）

猷秀の「金融戦」で一番のターゲットにされたのは比叡山の「城下町」坂本にある土倉でした。これに加えて、幕府は荘園の経営権を巡る訴訟においても、比叡山に不利な判決をたくさん下しました。それもそのはず、「訴訟戦」においては判決を書いているのは義教近習の奉行たちですから比叡山に勝ち目はありません。

実は、この訴訟戦を効果的に実行するため、義教は将軍に就任早々に訴訟管轄権を管領から取り上げていたのです。そのことは、義教治世において判決文（奉書）の署名に管領の名前が一切なく、将軍はみな配下の奉行の署名に代わっていることなどからも実証されています。さすが「神に選ばれた男」、やることは徹底しております。

義教の怒り

前章でも述べた通り、比叡山のビジネスは大きく分けて、「関所」「金融」「荘園」でした。そのうち金融と荘園を徹底的に潰されたらたちまち比叡山は財政難に陥ってしまいます。つまり、１４３３年の12か条の強訴とは義教の度重なる攻撃に耐えきれなくなった比叡山が反撃に出たということだったのです。もちろん、比叡山側には１４２８年に義教を屈服させた成功体験もあったことでしょう。

しかし、このときの義教は関東公方持氏の反乱を抑え込み、伊勢国司の畠山氏の反乱も鎮圧済みでした。まさに比叡山のほうこそが飛んで火にいる夏の虫だったのです。

義教は、比叡山側の要求を一部飲んで、猷秀を土佐への流刑に処し、坂本の土倉の返済免除を認めます。しかし、その陰で守護の軍勢を動員して京都を固め、大津の園城寺を調略によって寝返らせて東海道方面からの比叡山への補給路を遮断しました。この動きに焦ったのは敵方の比叡山よりもむしろ味方の管領細川持之や有力守護大名の山名氏、政治顧問の三宝院満済などでした。

しかし、義教は側近たちの諫止《かんし》もまったく聞かず、11月には山名、土岐、斯波などの守護大名の軍勢を動員して比叡山を南北から包囲する陣を敷きました。この強硬策に焦った比叡山は翌月、今回の強訴の首謀者である円明坊兼宗を隠居させ、幕府に降伏する旨を通告してきました。

しかし、延暦寺の内部は分裂しており、過激派は大和国の越智氏と内通して反乱を起こしたりしました。そこに、反乱を抑えきったはずの鎌倉の持氏と比叡山が内通しているという噂がたったのです。

義教の怒りは頂点に達しました。ここで比叡山を徹底弾圧する決意を固めます。1434年8月には近江一円にすべての延暦寺領を没収するという通達を出し、六角氏と京極氏を出動させて陸上、湖上の交通網を完全封鎖してしまいました。さらに、越前や若狭の延暦寺領も没収です。

比叡山は猷秀によって金融業を潰され、訴訟によって荘園を取り上げられたうえ、最後の仕上げとして交通遮断によって関所の通行料まで召し上げられてしまったのです。「比叡山経済」は3つのエンジンを完全に破壊されたも同然であり、これ以上抵抗するのは無理でした。

10月には、比叡山側が最後の手段として日吉社の神輿による特攻作戦を敢行しますが、これも幕府に迎撃態勢を取られたために担ぎ手が恐れをなし、山道に神輿を捨てて逃げるという大失敗に終わりました。

しかし、それでも比叡山内の過激派は抵抗を止めず、11月25日には畠山、山名、赤松の幕府軍と僧兵の間で本格的な戦闘が発生しました。このまま全面戦争かと思われた矢先、根本中堂などの建物焼失を惜しむ声が京都内外に上がり、幕府軍の内部にも比叡山を攻めることを躊躇《ちゅうちょ》する声が大きくなりました。にわかに和平の空気が漂い始めたとき、幕府は比叡山の山門使節である弁澄、円明、兼覚の3名を呼び出しました。

最初は3人とも幕府の処罰を恐れて召喚に難色を示しましたが、管領の細川持之が身の安全を保障する誓紙を入れたため、ようやく求めに応じました。ところが、この3人が細川邸に到着すると、たちまち拘束されて首を斬られてしまったのです。これは義教による完全なだまし討ちでした。

このだまし討ちに激怒した比叡山は義教の出家時代ゆかりの寺である総持寺を焼き払い、翌日（1435年2月5日）坐禅院の僧侶ら20人が根本中堂に放火して全員切腹しました。このとき中堂に置かれていた日吉社の神輿、薬師如来像、三国伝来の五瓶三火舎という霊宝、前唐院の法文聖経がすべて灰になりました。

義持はこの件について口外することを一切禁じ、破った者に対しては厳罰で臨みました。身分に関係なく知られているだけでも数百人の人がこの粛清の犠牲になりました。この件に限らず、義教は逆らう者は容赦なく粛清した「独裁者」と言われています。今谷明氏は次のように指摘しています。


義教に処罰された人々は知られているだけでも数百人に上る。上は天皇光範門院から、〈中略〉守護大名では一色義貫、土岐持頼らが暗殺され、「次は赤松打たるべし」との噂が都雀の口にのぼった。

（出典：『近江から日本史を読み直す』今谷明／講談社現代新書）

赤松氏による「嘉吉の変」

さて、宿敵比叡山を滅ぼした義教はさらなる将軍の権力強化に邁進しました。守護大名の斯波氏、畠山氏、山名氏、京極氏、富樫氏などの家督相続に介入し、家中の義教派を当主にするように積極的に工作します。

また、かねてから対立関係にあった関東公方持氏を永享の乱に介入して追い詰め、1439年に自害に追い込むことに成功しました。まさに、向かうところ敵なしの状態です。「次は自分の番だ」と、赤松満祐の恐怖は頂点に達したことでしょう。そんな精神状態であるなら、「座して粛清されるよりはいっそのこと……」と考え、リスクを冒したとしても不思議はありません。

1441年6月24日、赤松満祐の子の教康は、前年持氏の残党が関東で蜂起した反乱(「結城の戦い」)を鎮圧したことの祝勝会を開きたいとの口実で、義教を赤松邸に招待しました。畠山持永、山名持豊、一色教親、細川持常、大内持世、京極高数、山名煕貴、細川持春、赤松貞村といった義教の家督相続の介入によって取り立てられた「お友達」と公家の正親町三条実雅を従え、義教は赤松家にやってきました。

伏見貞成親王の日記『看聞御記《かんもんぎょき》』によれば、宴会が始まって猿楽の時分になると、突然屋敷内で大きな物音がしました。義教が「何事ぞ！」と尋ねると、公家の三条氏が「雷鳴か？」ととぼけた返事をします。その瞬間、障子が開け放たれたかと思うと、完全武装の武士数名が義教に斬りかかったのです。将軍義教はあっけなく討ち取られてしまいました。これが世に言う「嘉吉の変」です。

『看聞御記』はこのとき殺された義教に手厳しく次のような評価を与えています。

所詮赤松を討たるべきの御企露顕の間、遮て討ち申すと云々。自業自得、果して無力の事か。将軍の此の如きの犬死、古来その例を聞かざる事なり

（赤松を討とうとした企てが露見し返り討ちにあった。自業自得だ。将軍がこんな犬死をしたということは古来より聞いたことがない。……筆者訳）

義教の突然の死去により、管領細川持之らは、義教の嫡子でわずか9歳の千也茶丸を将軍に祭り上げ、7代将軍義勝としました。しかし、義勝は在位8か月で病死してしまったため、義勝の弟でわずか8歳の義政が8代将軍に就任します。いくら当時は成人年齢が低かったからとはいえ、8歳の子供は所詮子供です。

1441年の嘉吉の変から義政が元服する1456年までの間、管領家と有力守護大名、将軍側近グループなどが入れ替わり立ち替わり権力を掌握する時代が続きました。

義政は父の義教とは違ってまったく政治に関心がなく、元服してからも政治を丸投げして平気でいました。そして、1467年に「応仁の乱」を迎えるのです。

「応仁の乱」の支離滅裂さ

応仁の乱の原因は複数あります。まず、1430年ごろから始まる気候の寒冷化が1460年あたりでピークを迎えていたこと、明朝がデフレで財政難に陥り交易の回数が制限されて銭貨の流入ペースが鈍ったことが外部的な要因として挙げられるでしょう。

『和漢合符』によれば、応仁の乱の直前の1461年、子供を食べる者まで現れるほどの大飢饉が発生し、追い打ちをかけるように8月には疫病が大流行して各地は死屍《しし》累々《るいるい》の惨状となったそうです。念のため『日本米価変動史』で、嘉吉の変から応仁の乱までの経済状況を確認しておきましょう（図21）。

図21　米価の変動と経済状況

西暦	1石当たり米価(貫)	イベント	備考
1445	0.85		此の年近江美濃乱る。
1454	0.67	徳政禁令、関東大乱	
1458	1.06	通関税徴収	翌三年八月（1459）、入京の七路に関を置き、関税銭を徴す。同年十一月将軍義政、質物の期限、利子制限の教書を発す。（「日本法政史」）
1461	1	天下大飢饉	「和漢合符」によれば４月には、子供を食べる者まで現れるほどの大飢饉。８月には疫病が流行し、死屍累々とのこと。
1468	0.53	応仁の乱	此の年に初つた、応仁の乱は、足利幕府の権威を失墜し、地方に群雄を割拠せしむる原因をなした外、経済的にも、地方城下町の発生と、その年に於ける商業の発展を促す動因をなした。（「日本商業史」「日本法政史」）
1473	13	甲斐大飢饉	甲斐の国で大飢饉が起こり、餓死者は数えきれないほどだった。（「妙法寺記」）
1478	0.59		是歳明より文明七年の求めに応じ、銅銭五万文を我に贈る。（「近藤守重筆記」）

出典：『日本米価変動史』中沢弁次郎

戦乱や飢饉が何度も起こっていますが、１４７３年の甲斐大飢饉を例外としてそれ以外の年は米価があまり上昇していません。おそらく銭貨の流入ペースが鈍化してデフレが進んでいたのでしょう。

第１章でも述べましたが、ちょうどこの時期に出土する備蓄銭の量は桁《けた》違いに多くなっています。備蓄銭は現代で言うところの「タンス預金」であり、その増加はこの時期にデフレが進行していたことを示唆します。

経済的に困窮した人々は普段は見向きもしない狂った考えに憑《と》りつかれます。それは権力者とて例外ではありません。この時期は義教の家督相続介入という置き土産によって、斯波家、畠山家といった管領を務める家柄ですら内部抗争が激化してしまいました。

また、嘉吉の変以降、将軍の権威が失墜し、管領家と有力守護大名、将軍側近グループなどによる専横が常態化していました。そこに義政の変人ぶりが加わったことが悲劇の始まりでした。

事の発端は教科書にも書いてある将軍家内部の跡目相続の争いでした。義政は妻の日野富子との間に子供が生まれましたが、夭折してしまったので子作りをあきらめていました。そこで、後継ぎとして、異母弟で天台宗浄土寺門跡であった義視を養子に迎えます。義視には義政から家督相続の約束までしていたと言います。

ところが、１４６５年になると義政と日野富子の間にできないと思っていた子供ができてしまいました。これが義尚です。富子は実の子の義尚を次の将軍に据えようと考え、有力な守護大名である山名宗全に助けを求めます。対する義視《よしみ》はもう成人していたので自ら管領・細川勝元を担ぎ出してこれに対抗しました。そこに義教時代に家督相続紛争を抱えていた畠山氏や斯波氏の跡目争いが重なりました。

各勢力は京都に兵力を動員して、地獄のような市街戦を展開しました。京都の町がシリアのアレッポのような激しい市街戦によって破壊しつくされてしまったのです。

応仁の乱について語るとこの本はそれだけで終わってしまうので、以降の説明は省きます。とにかく、これは滅茶苦茶な戦争でした。寒冷化とデフレ不況の進行で、みんな頭に血が上ってわけがわからなくなっていたのかもしれません。京都が主戦場になってぐちゃぐちゃになり、途中で義視が山名側に寝返ってお互いに何を目的に戦っているのかわからなくなって、京都で戦争している守護大名の領地では一揆が起こって戦いが地方に波及したりして、もう最後は支離滅裂、わけのわからない大混乱になってしまったのです。

あらゆる勢力が全力で戦い、そして疲れ果ててしまいました。途中から何のために戦っていた戦争なのかを見失っていた各勢力は、エネルギーを使い果たすまで戦い、最終的に戦闘は自然に終結しました。この戦争のきっかけをつくった山名宗全と細川勝元は終戦前にこの世を去っています。

「応仁の乱」を経て確立した、細川管領体制

これだけ激しい戦いをすれば日本の権力構造がガラッと変わって当然かもしれません。学校の歴史教科書には確かにそう書いてあります。しかし、それは必ずしも本当

ではありません。確かに、応仁の乱で変わったことはありますが、あまり変わらなかったこともそれなりにたくさんあります。

まずは、変わった点について指摘しておきましょう。

1つ目は、管領家の中で細川家が他の追随を許さないぐらい抜きんでるようになったことです。管領家は斯波、畠山、細川の三家ですが、斯波家と畠山家は内紛で骨肉の争いを続けたために、政治的なパワーが低下しました。反対に内紛が起きなかった細川家は政治的なパワーを強めます。応仁の乱が終わった1477年から畠山政長が9年間管領職を務めますが、これはあくまで細川家の当主の政元が成人するまでのあいだのつなぎでしかありませんでした。

ちなみに、応仁の乱の勝ち組は、細川氏と大内氏と言われています。本国で内紛が絶えなかった四職家（山名・一色・赤松・京極）とは違い、細川氏は堺商人、大内氏は博多商人の利益代表であり、支那との交易を通じて力を蓄えることができたからです。そして、地理的により京都に近かった細川氏のプレゼンスが高まるのは当然のことだったのです。だからこそ、1486年から政元が管領に就任すると、それ以降「管領といえば細川」という時代が続きます。

2つ目は、幕府の全国支配についてです。応仁の乱以降、室町幕府の全国支配は確かに崩壊しました。それは具体的には各地の守護大名に対する統制が緩んだということです。しかし、地方の守護大名が幕府のコントロールから外れても、幕府による畿内支配に変わりはありません。そもそも、幕府が崩壊したわけではないという点には注意が必要です。それが証拠に、この後天下人となる三好長慶も、そしてあの織田信長も、上洛の大義名分は幕府の立て直しでした。

最も大きな変化は経済の分野においてです。幕府の保護を受けて、あれほど経済的な栄華を誇っていた京都五山が壊滅的な打撃を受けてしまったのです。五山の勢いの低下は北陸地方に多く存在した五山の荘園の解体にもつながりました。五山の衰退と入れ替わりに急速に北陸地方に浸透したのは本願寺です。

幕府の有力な経済基盤であった五山禅院の官寺機構は、伽藍の消失とともにほぼ壊滅した。したがって東班衆の時代はここに終わりをつげ、従来財政の主要部分をこれに依存していた幕府は、直轄領の再編成など、新たな財源確保に迫られるに至り、以降室町幕府の性格は大きく変化する。

（出典：『戦国期の室町幕府』今谷明／講談社学術文庫）

ただし、五山の荘園は確かに大打撃を受けたといっても、それが全面的に解体してゼロになったわけではありません。一部は五山の支配のまま残存し、一部は国人（地元の武士）などに押領され、一部は五山との関係が希薄になって独立し再編されていきました。これは五山に限らず、朝廷や公家領、大名領についても同じです。

そして、圧倒的な会計処理能力で経済の実権を握っていた東班衆にも大きな変化が訪れます。五山のパワーが低下したことで、荘園経営は次第に「守護請」という形で守護が直接雇った代官（守護被官人）が行う方式へとシフトしていきました。

ただし、守護本人は京都にいて、徴税業務を丸投げするという体制は東班衆を使っていたころと変わりません。「守護請」では丸投げする相手が東班衆という外注業者から自社雇用の代官に変わっただけです。東班衆の頃によくあった貸金訴訟を使って領地を取られるリスクも、基本的には変わっていません。

その点について、もし変わったことがあるとしたらそれは横領されるプロセスです。東班衆が裁判を駆使して領地を奪ったのに対して、守護の任命した代官は主に地元の武装勢力であり、訴訟などというまどろっこしい方法は使わずに力ずくでこれを奪い取りました。

何を隠そう尾張国を領地としていた斯波氏の代官として雇われていたのが織田信長

の一族です。斯波氏の尾張は、１５６０年には信長によって統一され、織田家の領地になります。守護がボヤボヤしていたら代官に領地を奪われる——、そんな時代が来たのです。これこそが下剋上です。

下剋上に必要なものは、大義名分と民衆の支持です。それさえあれば、自分の雇い主である守護を殺害して、自分が領主になることも可能でした。古い秩序に安住していた人たちにとっては恐ろしい時代がやってきたのです。

将軍家の抵抗と管領家の報復

応仁の乱の原因となった将軍家の跡目相続ですが、１４７３年に義政が跡目を義尚に譲って引退し決着しました。応仁の乱が終わると、９代将軍義尚は失墜した将軍権力の復活を期して涙ぐましい努力を始めます。

近江では応仁の乱のどさくさに紛れて、多くの荘園が六角高頼に押領されていました。それらの多くはもともと比叡山の「領地」でした。比叡山はこれを不服として、得意の政治工作で将軍に六角氏討伐を促します。比叡山は落ち目とは言え大権門であり、近江に荘園を持つ公家たちもこの動きに同調しました。彼等も六角氏の押領に困り果てていたのです。

義尚はこの訴えを将軍家の権威復活の絶好の機会ととらえ、１４８７年7月に六角高頼を討伐することを決定しました。義尚は総勢1万の軍勢を率いて近江へ出撃しました（「長享《ちょうきょう》・延徳《えんとく》の乱」）。

同年9月、六角高頼の本拠地であった観音寺城が攻撃されると、守り切れないと判断した高頼は早々に甲賀三雲（現在の滋賀県湖南市）に逃走します。義尚は戦後処理として、高頼を守護から罷免し、将軍近習（自分のお友達で、いわゆる「奉公衆」の一人）の結城尚豊を新しい守護に任命しました。

しかし、この人事は明らかに不評でした。六角討伐で利益を得たのは一部の寺社と将軍の側近に過ぎず、全面的に協力した管領の細川政元は不満を募らせました。しかも、この戦勝に気を良くしたのか、義尚は陣中で酒に溺れ京都に帰ることなく近江の鈎《まがり》（現在の滋賀県栗東市）で死んでしまうのです。享年25でした。

義尚が死ぬと、後ろ盾を失った結城尚豊は暗殺を恐れて逃亡しました。政元はこれ幸いとばかりに高頼を赦免して、近江守護に復帰させることで戦後処理を決着させました。

義尚には子供がいなかったので、またもや後継者を巡ってトラブルが発生します。

政元が推す足利政知の子、香厳院清晃《こうげんいんきよあき》（後の足利義澄）と、応仁の乱で義尚と対立した義視の子で義政と日野富子夫妻にとっては孫にあたる義材《よしき》（後年、義稙と改名）の対立です。結局、政元は義政・富子のゴリ押しに日和《ひよ》ってしまい、義材の10代将軍就任を許しました。

義材は先代の義尚の遺志を継いで再び近江の六角討伐を企てました。もちろん、前回の終戦工作をまとめ上げた政元は面白くありません。義材に対して作戦を中止すべきだと訴え、管領を辞任しましたが、義材はこれを無視します。

義材は1491年に第二次六角征伐を敢行しました。将軍の掛け声に呼応した各地の守護大名、その下の守護代級の武将が全国から集まりました。六角高頼は戦況が不利と見るや前回同様に逃亡し、伊勢方面に行方をくらませました。調子に乗った義材は1493年に今度は河内の畠山家のお家騒動（畠山政長の領地を畠山基家が不法占拠する事態）に介入して、政長を助けようと再び出陣します。

しかし、同年4月、突如管領に復帰した細川政元が裏切ります。義材は将軍から強制的に解任されてしまったのです（「明応の政変」）。当初は義材推しだった日野富子も、義材があまりにも調子に乗ってしまったため、このクーデターに協力したと言われています。

そして、政元が当初から推していた義澄が11代将軍に就任しました。ここから京都復帰に向けた義材の流浪の旅が始まります。

比例する「比叡山の衰退」と「幕府の衰退」

さて、ここまでの話を総合すると、落日の将軍権力を何とか取り戻そうとした義尚と義材が、管領の政元に対抗して相当善戦しているような印象を受けます。しかし、歴史を表面的な政治闘争だけでとらえてはいけません。将軍権力が維持されているか否かは、将軍職が社会システム上の役割としてこれまで通り機能しているかどうかで判断すべきです。

応仁の乱以前の将軍職は、曲がりなりにも行政、立法、司法を司る軍事独裁政権でした。それを証拠に、幕府に持ち込まれた各種訴訟に対して将軍の権威で判決(「将軍家御教書」)が下されています。将軍家御教書とは、将軍の命を受けて管領が発行する幕府からの通達です。

義教の時代には、司法制度をすべて将軍職が独占することもありましたが、このときも管領を通さずに奉行衆が将軍からの指令を奉書にして通達しただけで、将軍の命であることに変わりはありませんでした。

嘉吉の変で義教が暗殺されて以降は、管領が将軍家御教書で将軍の命を通達するという旧来のやり方に戻りましたが、裁判の判決を下す実務上のトップは将軍であることに変わりはありませんでした。

ところが、応仁の乱以降、この文書通達の方式に大きな変化が生まれました。１４７１年を境に、将軍家御教書がまったく出されなくなってしまったのです。このときの管領の座にあったのは、応仁の乱の仕掛け人であり、政元の父である勝元でした。

この点について、当時通達された奉書を丹念に読み込んで実証的に明らかにしたのが今谷明氏です。今谷氏は「松梅院」の禅椿をめぐる事件の奉書について丹念に検討した結果、応仁の乱を境に京都の警察力が細川氏によって支えられるようになっていたことを実証しました。

松梅院とは、京都の北野神社の「別当寺」（当時は神仏習合で神社には寺が附属していた）のことです。そこの僧侶である禅椿が、義尚の六角討伐に同行した際に、陣中での発言で義尚の怒りを買ってしまいました。事態を重く見た北野神社は禅椿を解任し、京都から追放することを決定します。ところが、禅椿はこれを不服として幕府に訴えようと逆に京都に向かってしまいました。

メンツをつぶされた北野神社は禅椿を拘束しようと僧兵を繰り出しますが、禅椿はその動きを察知して逃げおおせてしまいます。北野神社は自力では禅椿を捕縛できないと悟り、幕府に対して警察力による援助を要請しました。

この北野神社の訴えに対して通達された奉書は四通ありますが、その中で最も重要なのが「元右」の署名のある一通です。この奉書は他の三通の趣旨である禅椿を捕縛せよとの内容を細川政元の配下にいる武将に伝達した内容になっています。

実は、「元右」とは斎藤元右のことであり、彼こそが管領の職務を代行する「管領代（別名：右京兆代）」であったのです。この点について今谷氏は次のように述べています。

さらに重要なことは、このように罪人の逮捕という洛中での刑事警察的事件に、侍所（または所司代）がまったく姿を見せていないことである。すでに文明の末年ごろ（一四八五）を境に、所司代の活動は史料から消えるが、この禅椿追補事件は、所司代の権限を管領代が代行していることを示すものに他ならない。〈中略〉

誓願寺門前の勧進聖在家再興事件に際して、勧進所・在家の撤廃および釘貫（ゲート付の堅固なバリケードのようなもの…筆者中）の撤去を命じたのが細川晴元の武将茨木長隆であったことを見た。この茨木長隆が実は元右と同じ管領代だったのである。したがって、天文初年の祇園祭巡航を所司代が禁じたとか、松永久秀が所司代になったなどは、とるに足りぬ俗説にすぎない。戦国時代の京都には所司代などという役人は全く存在しなかったのである。

（出典：『戦国期の室町幕府』今谷明／講談社学術文庫）

政治の表舞台では義尚、義材が将軍家の権威を復活させるためにド派手な六角討伐のパフォーマンスを演じていたのですが、実は幕府の日常業務は管領の細川氏に牛耳られていたのです。「右京兆代」の名が記された奉書はすでに応仁の乱直後には発布されているため、管領代という職制はすでに１４６７年ごろにはすでに存在していました。

前述の通り将軍家御教書は１４７１年に消滅しているため、この辺りで将軍から管領細川家への実質的な権力交代があったと考えて間違いありません。つまり、この時点で幕府はすでに軍事的には弱体化していて、奉書を出してもそれを執行する能力がなかったということです。応仁の乱で京都五山が衰退してしまったことで、経済的なパワーを失い、それが政治的なパワーの減退を招いたのではないでしょうか。

しかし、それでは訴訟当事者たちは困ります。特に、応仁の乱以降は、戦争のどさくさで領地を奪われた寺社や公家などの荘園主が、こぞって訴訟を起こして領地を取り戻そうとしていました。幕府の武力が衰えたらいくら訴訟で勝っても、それを執行する強制力がありません。そうなると財産を取り戻せるかどうかわからなくなってきます。そこで、これら訴訟当事者は確かな軍事力を持つ管領の細川氏の力に頼って、法の執行を担保するよう要求したのです。

さて、話を1493年の明応の政変に戻しましょう。鮮やかにクーデターに成功した細川政元は、河内に軍勢を派遣して足利義材と畠山政長の軍を打ち破りました。政元にとっては、こんなパフォーマンス的な戦争を止めさせるのは簡単なことでした。そして、義材は拘束され京都で幽閉されました。将軍の側近グループ（近習）である奉公衆も解体され、将軍権力の弱体化は決定的となりました。

しかし、義材もなかなかしぶとく、幽閉先から側近らの手引きで脱走し、その後北陸や周防に逃れて挙兵のチャンスを伺います。後に、周防の有力守護大名である大内氏は義材を匿《かくま》い通しました。

義尚、義材と二代の将軍が権威を失った室町幕府が最後の悪あがきよろしく、将軍親裁権の復活を試みたものといえよう。しかし結果としては、最有力守護・細川氏による将軍廃立をみたわけで、以降、室町幕府の権力は畿内周辺に極限された。ただ、関東でも連動して伊勢宗瑞（北条早雲）の伊豆討ち入りがあり、戦国時代の枠組みができあがったという意味では、それなりに重要な意味を持つ歴史的事件といえよう。

（出典：『近江から日本史を見直す』今谷明／講談社現代新書）

明応の政変はこの時点をもって戦国時代が始まったとも言える大きなイベントでした。そして、室町幕府の権力が地方に及ばなくなったことによって、日本経済にも大きな変化が訪れたのです。義材を匿った大内氏こそ、一時的にはそのキーパーソンだったのですがその点については後述します。

政元同性愛説

実質上の最高権力者であり「半将軍」とまで言われた政元による管領細川家支配も

そう長くは続きませんでした。その原因の一端は政元の男色狂いとヘンテコな修験道への傾注です。

『足利季世記』によれば、政元が女性を近づけなかったことが示されており、『政基公旅引付』には「所詮京兆若衆好也（所詮、政元は若い男たちが好き）」と政元（細川京兆家当主）の男色狂いを揶揄《やゆ》する記述もあります。『政基公旅引付』を書いた九条家前当主・前関白の九条政基は政元とは姻戚関係にあり、その記述は極めて信頼性が高いと言われていますので政元同性愛説は間違いない事実です。

これを現代で喩えるなら、自民党の幹事長がゲイであることをカミングアウトしている状態だったと言っていいでしょう。しかも、政元はどの時代の自民党幹事長よりもずっと強い権力を死ぬまで維持しました。

余談ですが、現在性的マイノリティの権利を守ろうとする動きが世界中に広がっています。いわゆるＬＧＢＴに関連した一連の運動です。日本でもこれらの運動をしている人がいますが、日本の歴史に不案内な人が多く彼らの発言には失望させられることがあります。ごく一部の人ですが、「性的マイノリティの尊重の度合いはその国の民度の高さを示す」などと称し、「日本は性的マイノリティに対して伝統的に不寛容であり、欧米に比べて人権尊重が遅れている」などと事実無根の批判をするのです。

私は性的マイノリティを尊重する運動に反対するつもりはありませんが、こういった歴史的事実に基づかない発言は極めて問題だと思います。そもそも、日本の歴史上同性愛が性的マイノリティだった時期があったでしょうか。むしろ、歴史的に男色は性的マジョリティでした。日本は西欧のようなキリスト教社会に比べて、性に対しては極めて寛容な世の中だったのです。少数派の人権に配慮することは立派なことだと思いますが、弱者を保護するために自国の歴史を捻じ曲げていいという道理はありません。

最近ＬＧＢＴの運動に共産党や在日朝鮮人団体などが擦り寄って浸透工作をしていると聞きます。同性愛の歴史ですら捻じ曲げて日本を貶めようとするロジックは、おそらくそういった反日勢力が主張しているものではないかと邪推します。

私は、むしろＬＧＢＴの運動は「日本は歴史的に性に寛容だった。日本の伝統文化を取り戻せ！」という文脈でなされるべきだと思います。まさに正しい歴史認識を持つことが反日勢力の浸透を防ぐための強力な理論武装になるのです。

「半将軍」細川政元の最期と三好一族の台頭

さて、話を男色狂いだった政元に戻しましょう。政元には妻も彼女もいませんでしたので、当然子供もいませんでした。かつての三管領家だった斯波、畠山は後継者問題で揉めて弱体化したため、家臣たちは細川家の将来を慮《おもんぱか》って政元に養子を迎えるように勧めました。

最初に養子に迎えられたのが、政元ゲイ説を後世に広めた『政基公旅引付』の著者、九条政基の次男、澄之です。ところが、政元は何を血迷ったか前阿波守細川成之の孫にあたる澄元を二番目の養子として迎えてしまったのです。こんなことをしたら将来二人の養子が跡目争いをすることは目に見えており、自ら家内に爆弾を抱えるようなものです。もちろん、この不安は的中します。

政元はヘンテコな修験道にも凝っていて、天狗になりたいとか、魔法使いになりたいとか、わけのわからないことを言っては、突然修行のために全国を放浪するなどの奇行を続けていました。１５０５年には将軍義澄臨席の宴会で義澄と口論になり、怒って退席するという修羅場を演じています。おそらくこの頃には精神的におかしくなっていた可能性もあります。

ところが、政元はとても残酷でもあります。１４９３年の明応の政変のときには、敵対した義材や畠山政長だけでなくそれに味方した武士や公家をことごとく粛清し、屋敷を壊したり火を放ったりして燃やすなど、徹底した弾圧を加えています。

また、政元は１４９９年に比叡山を焼き討ちしました。理由は、比叡山が幽閉先から逃亡した義材を越中守護代神保長誠、加賀守護富樫泰高、越前守護朝倉貞景らと共に支援していたからです。義教に続き2人目の「比叡山を焼いた男」は政元だったのです。ここまでやれば臣下たちがビビるのも当然といえるでしょう。そのため政元の奇行がエスカレートするにしたがって、配下の武将たちはいつ自分がターゲットにされるかと心配が募り、疑心暗鬼になっていきました。その結果として、１５００年ごろから反乱が相次ぎます。

反乱を鎮圧するためには強力な武力が必要です。政元は領地の阿波から強力な野武士集団を従えた三好之長《みよしゆきなが》を呼び寄せました。あの「天下人」三好長慶の祖父に当たる人です。阿波の野武士軍団の戦闘能力は極めて高く、１５０６年2月に京都に入った之長は薬師寺、香西《こうざい》、安富といった政元の旧臣たちと張り合って、あっという間に頭角を現します。政元もその実力を買って、自身の軍勢の主力に据えました。

政元は晩年、やっと家督相続をまともに考え、澄之を丹波の守護に、澄元を摂津の守護に任命しました。之長は澄元の家臣となり、摂津の西半分を収める代官となりました。暴れん坊の之長は摂津各地の荘園を荒らしまわり、押領《おうりょう》しまくったそうです。之長の軍事的な能力に支えられ、政元の後釜には俄然澄元が有利という評判が立ち始めます。もちろん、澄之は面白くありません。一計を案じて政元、澄元、之長を京都に呼び寄せ、そのまま殺してしまおうと画策します。

1507年6月23日、政元は魔法使いになる修行の準備のため沐浴《もくよく》していたところを、香西元長の放った刺客、竹田孫七に暗殺されてしまいました。香西元長は澄之の配下の武将です。最高権力者のあっけない最期でした。

翌日、澄之側の武将である薬師寺長忠、香西元長、香西元秋らが、京都小川の澄元の屋敷を襲撃しました。澄元側もこれに抵抗したため、激しい戦闘となります。攻撃された澄元側はよく持ちこたえました。

しかし、夜になると戦況は澄元に不利となり撤退を余儀なくされます。近隣に領地を持つ澄之側の薬師寺、香西は続々と兵士を補充できるのに対し、澄元側の之長はいくら最強の野武士集団であっても本拠地が四国なので兵士の補充ができなかったからです。澄元は京都から近江に逃亡して潜伏しました。

畿内各地では澄之のクーデターに呼応して、反政元派の武将が一斉に決起しました。澄之は将軍義澄から細川家の後継者に任じられ、摂津、丹波、讃岐、土佐の守護も兼務することになったのです。

ところが、澄之の天下はわずか30日しか続きませんでした。なんと、澄元と之長は細川家嫡流の出身で澄元の親戚にあたる細川高国らと共謀してすぐさま状況をひっくり返してしまったのです。澄之側は茨木城、嵐山城が落とされ、一宮兵庫助が之長に討たれると総崩れとなりました。小川で澄元と之長を襲った薬師寺長忠、そして政元を暗殺した香西元長も一連の戦闘で討ち死にしてしまいました。１５０７年8月、澄元が澄之を追い落として新たに管領に就任しました。

「一向一揆」旋風

さて、この辺りから室町幕府の権力は様々なプレイヤーの間を目まぐるしく行ったり来たりします。澄之を追い落とした後、澄元（および息子の晴元）と高国が仲間割れをして戦争を始めるからです。細かく見ていくととても混乱するので、政元暗殺から澄元・晴元vs高国の内紛終結後までの流れを時系列でまとめてみました。

1507年6月　細川政元が暗殺され、細川澄之が管領に就任。
1507年8月　細川澄之vs細川澄元&三好之長+細川高国
澄之が澄元らに敗北し、澄元が管領に就任。澄之は自害。
1508年4月　細川高国が周防の大内氏と共謀して細川澄元を裏切る。周防に逃亡していた足利義材（後に、義稙に改名）を担ぎ出して将軍に据え、細川高国は管領となる。細川澄元と三好之長は近江に撤退。
1509年6月　細川澄元と三好之長が秘密裏に播磨に逃れ、そこから三好家の本拠地である阿波に入る。反撃へ向けた準備開始。
1519年10月　反細川高国の武将たちが総決起。
1520年2月　細川高国側の重要戦略拠点である越水城が陥落し、高国は大津の園城寺に逃亡。
1520年5月　細川高国の反撃開始。不覚にも三好之長は捕縛され処刑される。
1520年6月　細川澄元が病死。
息子の晴元は阿波で反撃の機会を待つ。
1527年2月　細川晴元、三好元長（之長の息子）の連合軍が、桂川畔の戦いで細川高国を打ち破る。高国は近江に逃亡。晴元は堺に留まり政務

1531年6月　執行。いわゆる「堺幕府」の始まり。
細川高国が再び反旗を翻《ひるがえ》すも、中津川の戦いで三好元長に大敗を喫し（「大物崩れ」「天王寺崩れ」）、高国はそのまま捕まって切腹させられる。

1531年8月　「堺幕府」の内部分裂が激化、三好派（三好元長、細川持隆）と反三好派（細川晴元、木沢長政、茨木長隆、柳本甚次郎ら）の間で戦闘開始。

1532年1月　三好軍が柳本甚次郎の立て籠る京都三条城を攻撃し陥落させる。

1532年5月　三好・畠山（義堯）連合軍が木沢長政の軍を北河内で包囲し壊滅寸前まで追い詰める。

1532年6月　突如、10万人（『細川両家記』）といわれる一向一揆の軍勢が北河内および堺の三好陣営を攻撃。この時、堺にいた三好元長は息子の長慶を船で阿波に逃がし、一揆勢が乱入してきたところで自害。

晴元と元長は親の仇である高国を討ち取るまでに24年もの時間を要しました。そして、やっと高国を討ち取ったと思ったら、その翌年には晴元陣営内で凄惨な仲間割れが発生し、今度は元長が粛清されてしまいました。

軍事力では最強の三好派が勝つかと思いきや、反三好派が本願寺と結託し、一向一揆の力を借りて三好元長を滅ぼすという掟破りの展開です。

ただでさえパワーダウンが著しかった室町幕府は、この時点で完全に当事者能力を失ってしまいました。それとは反対に、突如として歴史の表舞台に登場したのは本願寺率いる「一向一揆」です。かつて比叡山に虐め抜かれた弱小教団は、度重なる戦乱と経済苦で絶望した人々から爆発的な支持を得て、この頃にはもう巨大教団に成長していました。


最強の野武士軍団であった三好元長の軍勢をいとも簡単に滅ぼした本願寺の暴走を誰が止めるのか！

そして、阿波に逃れた三好元長の息子、三好長慶の運命やいかに！


この後、畿内に「宗教戦争」の嵐が吹き荒れます!!

第6章　「一向一揆」とは何か

細川政元にへつらう蓮如

再び時計の針を細川政元が暗殺される前に戻しましょう。「半将軍」とまで言われた時の権力者、政元を次のように讃えた人がいます。

一細川大信殿ヲバ、ミナ人申候、聖徳太子ノ化身《けしん》ト申ス、ソノユヘハ観音トヤワタ八幡トノ申子ニテアリ

(人々はみな細川政元殿のことを聖徳太子の化身という。なぜなら、観音と八幡神に祈願して授かった子供だったからである。……筆者訳)

(出典：『空善聞書』 http://dl.ndl.go.jp/info:ndljp/pid/932242/6?tocOpened=1)

政元がヘンテコな修験道にハマって魔法使いになりたがっていたこと、そして史上2人目の「比叡山を焼いた男」であることはすでに述べました。その政元が「聖徳太子の化身」だったんですか。なるほど……（苦笑）。

こんな歯の浮くようなお世辞を言っていたのは、何を隠そう本願寺の第8代法主、

蓮如です。先ほど引用したのは『空善聞書』という蓮如の語ったことを記録した書物にある文章です。

なぜ蓮如は政元をこれほど褒め讃えなければならなかったのでしょうか。端的に言うと、度重なる比叡山の攻撃から教団を守るために、政元の庇護を求めていたからです。

1468年に比叡山の山徒による堅田への攻撃で布教の拠点を失った蓮如は、命からがら大津に逃れます。そして、近江における教団の再建を断念し、1471年初夏、近江の門徒たちに惜しまれながら北陸に向けて旅立ちました。

やがて蓮如上人は文明三年（一四七一）になると、北陸の方にむかって吉崎に旅立たれます。そのときに堅田西浦に御坊を建てて本願寺を再建されたらいいのではないか、ということを進言するのですが、蓮如上人は「山門の方をご覧ぜられて」つまり比叡山の方を指さしまして、「あれが近いほどに」すなわち延暦寺が近いからここではだめだといわれたのです。

（出典：『蓮如の町づくり』大谷學報第78巻第2号－5／西川幸治・滋賀県立大学教授）

「恐ろしき山」――、比叡山のパワーはハンパではありません。当時の本願寺ではまだ比叡山と張り合っていくだけのパワーが足りませんでした。蓮如は57歳にして再びゼロからのスタートとなったのです。

蓮如たちの都市計画「寺内町」

しかし、近江の堅田から北陸の吉崎への本拠地移転を経済の観点で見ると、面白いことに気づきます。堅田は琵琶湖に面した港町、吉崎は日本海を行き来する廻船の通り道だったのです。この点について詳しく解説しておきます。

比叡山の山徒によって追い出された近江の堅田は、湖南のちょうど湖が狭くなるところの西側にある町です。ここは京都と北陸を結ぶ水陸の交通要所であり、経済的にも軍事的にも物資の中継基地として重視されていました。堅田は「諸浦の親郷」として、琵琶湖地域の港のリーダー的な存在であり、海上交通をコントロールしていました。

また、町政は百姓、商工業者の集まりである全人衆《まとうどしゅう》、地侍、土豪層による殿原衆《とのばらしゅう》によって運営され、そのコミュニティの中心がそれぞれ本福寺、祥瑞寺でした。本福

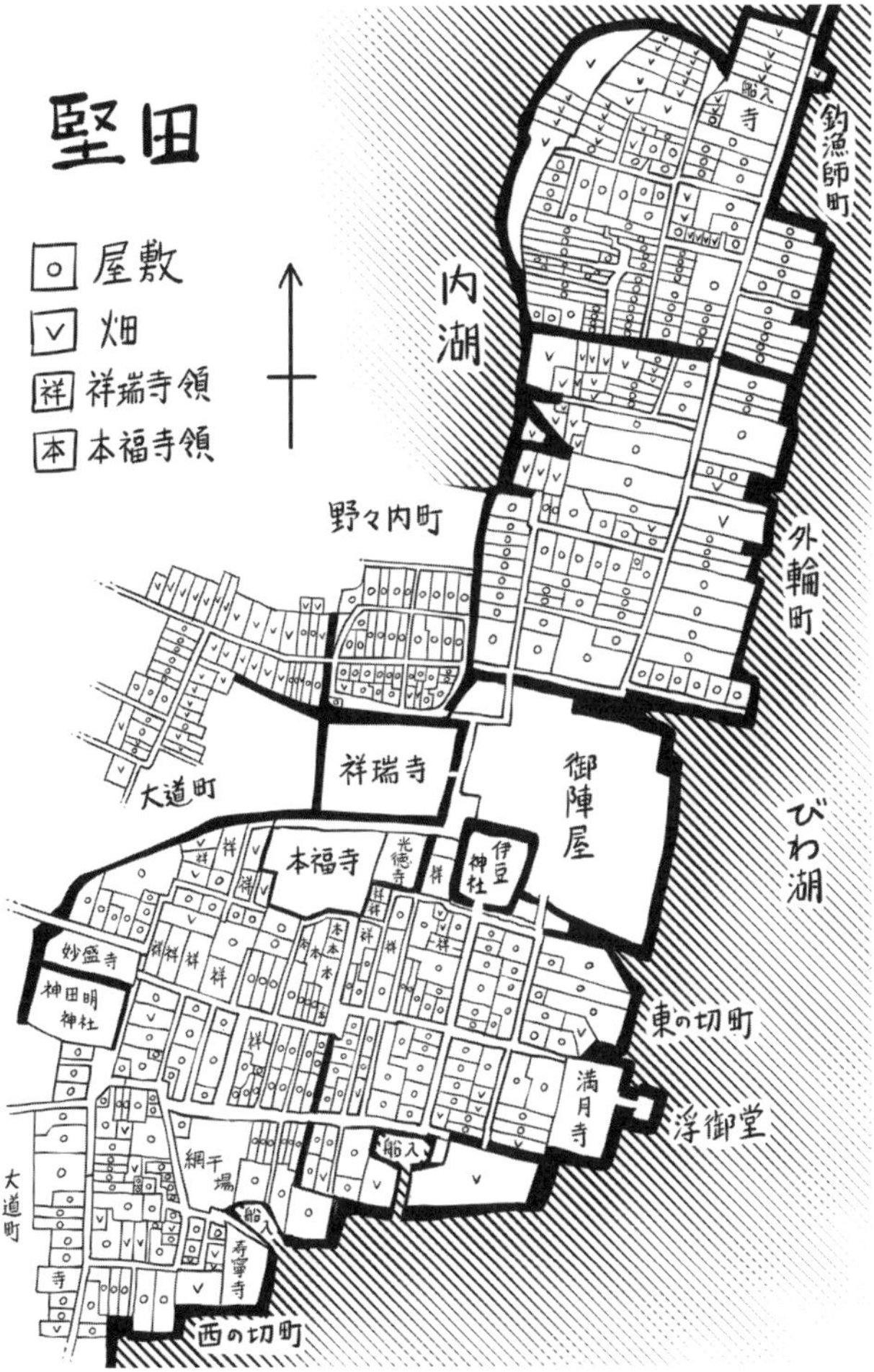

出典：『蓮如の町づくり』大谷學報第78巻第２号－５／西川幸治を参考に再イラスト化

寺は1467年に蓮如が報恩講を行っているぐらいですから本願寺の寺です。侍が集まっていたほうの祥瑞寺は臨済宗の寺でした。

本願寺は比叡山や五山と違い、荘園を持たずに信徒からの喜捨《きしゃ》によって資金を集めていました。そのため、堅田の町が物流で栄えると、信徒が儲かって寺への寄付金も増えます。門前町が経済的に栄えれば栄えるほど、相対的に寄付金も増えていく仕組みです。領地を支配して年貢を取るのでもなく、関所を儲けて通行税を取るのでもなく、経済成長に合わせて寄付金が自然に増えるというシステムでした。

蓮如が向かった越前（福井県）の吉崎は、当時はまだ荒れ果てた寒村でした。しかし、「ここに寺（吉崎御坊）を建てよう」と蓮如が全国の門徒に呼びかけると、一日も早い教団の立て直しを願う門徒からあっという間にたくさんの資材が集まりました。

本堂が建立されて2年もすると、多くの門徒や商人が吉崎へ移住してきました。北陸の過疎地だった吉崎は、この頃には二百軒近い多屋や民家が軒を並べる街に成長していたのです。吉崎御坊には毎年各地から数万人に及ぶ門徒衆が集まったといいます。

蓮如はその発展ぶりを見て、「あら不思議や、一都に今はなりにけり。そもこれは、人間のわざともおぼえざりけり。ひたすら仏法不思議の威力なりしゆえなり」（帖外御文）と言ったそうです。

出典：弘化四年（1847年）吉崎御坊絵図・願慶寺を参考に再イラスト化
http://www.yosizakigobou.net/index.html

上の絵を見れば吉崎御坊の発展ぶりが何となく伝わってきます。素人目に見ても、寺を中心とした門前町が形成されているのがわかります。蓮如たち一行はどうも最初から小高い山の上に寺院を建設し、その下を門前町とする都市計画のアイデアを持っていたようです。

本願寺が近江の金森、堅田、北陸の吉崎で展開した寺院と町をセットにした都市計画のことを「寺内町」と言います。

この後、本願寺が畿内一円から信長のいる尾張方面まで教線を拡大していくのですが、行く先々で吉崎と同じような寺内町が形成されます。実は、この寺内町こそ、比叡山や五山とは異なる本願寺の新たなビジネスモデルだったのです。

寺内町は、中世末・戦国期を通して真宗寺院を中心に宗教的連帯に甚づいて形成された自治都市として捉えられている。本願寺8世蓮如の精力的布教による真宗勢力の拡大を契機として、畿内――特に摂津・河内・和泉――の各地に寺院・道場が数多く創建され、門徒の集住する地域が形成された。永禄以降からは本願寺の支配体制が整い、大阪石山本願寺を中心として「大坂並」と呼ばれる都市特権（守護不入・地子免許・諸役免許）が各地域に広がり、寺院・道場を中心に門徒が集住して集落が形成され、商業活動の活発化とともに都市化した場＝寺内町が発展した。発展の背景には本願寺による都市特権の獲得・保障の他、畿内の経済活動の先進性、陸・河川交通の充実、入り組んだ守護大名の支配などが挙げられる。

また寺内町では石山本願寺を頂点として、経済的・宗教的に互いに結びつくネットワークが形成された。寺内町は経済的に反映し、富と技術の蓄積によって戦国大名に比肩する本願寺教団を支えた。

（出典：『中世末の畿内における寺内町の成立と変遷に関する研究』住宅総合研究財団研究年報№25 1998 研究№9707）

宗教という「コンテンツ」を使って人を集め、集まった人のニーズに合わせた商売がそこで展開される。これはまさに現代のショッピングモールが映画やヒーローショーやライブなどで集客してセールスを伸ばそうとするのと同じです。

そして、人がたくさん集まるほど、そこでの商売も大きくなり、本願寺への喜捨の金額も増えていくわけです。蓮如には金森、堅田で成功したモデルなら、吉崎でも必ず成功できるという「勝算」があったのではないでしょうか。近江ではせっかく商売が軌道に乗り始めると、必ずと言っていいほど比叡山の妨害が入りました。しかし、比叡山の魔の手もさすがに遠く吉崎までは及ばなかったようです。蓮如はその後、このモデルを畿内に持ち込み、大成功を収めます。

「巨大な越後屋」モデル

教団が大きくなるにつれ蓮如は時の権力者、細川政元に擦り寄っていきます。そこで、本章の冒頭の蓮如が細川政元を「聖徳太子の生まれ変わり」とほめ讃える話につながるわけです。

蓮如が政元に持ち掛けた「ディール」はおそらくかつて足利将軍家と五山がやって

いたもたれ合いと同じものだったと思われます。権力者の庇護、様々な便宜や特権の付与と引き換えに、寺社勢力は人、金、モノで支援する。かつて五山を使って義満がやっていたあの「巨大な越後屋」モデルです。

応仁の乱で京都の市街は壊滅的な打撃を受け、かつての金づる、五山は全盛期からかなりパワーダウンしていました。そんな中、上り調子の本願寺からたっての「オファー」ですから、政元にとってもそれは決して悪い話ではなかったと思います。

まことに蓮如は傑出した人物であった。これはその教説〈中略〉・布教態度（中小名主的農民や新興商人を布教の対象とし、講や組を作る）・経済基盤（荘園でなく、門徒の喜捨におく）などいろいろの条件によって支えられている。ことに蓮如は文明五年（一四七三）十一月「王法を本となす」と門徒の守るべき掟のうちに定め、神仏その他、現実社会の諸秩序にたいする服従を力説し要求した。蓮如は、新名体制下の中小名主や新興商人たちを対象に布教したが、守護ら上部構造の壁はかたく、圧迫は、しだいに本格化する。そこで方便として門徒を押える妥協の政策を打ち出した。しかも、以上の政策は蓮如が「半将軍」といわれた細川政元の機嫌をとるため、本願寺の寺規まで変更し、魚類で政元を接待したことでもよくわかる。（谷下氏・

笠原氏の研究による）。しかし、本願寺が戦国大名化してくると「王法を本となす」との教説は後退し、蓮如から三世を経た顕如のように戦国大名に抵抗し、一揆をおこさせるようになる。

（出典：『戦国時代の生活宮廷』奥野高廣／続群書類従完成会）

坊主は生臭もの（魚類）厳禁なのに、蓮如はその教えを曲げてまでグルメの政元を魚料理で接待しました。

「もう二度と比叡山に虐められるのは嫌だ！」という蓮如の心の叫びが聞こえてきます。このような、涙ぐましい努力によって、本願寺は京都に再び伽藍を建立することができるようになりました。

山科本願寺建設計画の決定は１４７８年、竣工は１４８３年でした。比叡山の僧兵によって大谷本願寺が破壊されてから苦節17年、やっとのことで京都に戻ってきたのです。この時点で、本願寺は、老舗の比叡山、落ち目の五山と肩を並べる巨大な寺社勢力へと成長していました。

しかし、政元の庇護下に入ることは、同時に政元へのサポートが義務になるということです。義満が五山に求めたのは主にカネでしたが、政元が本願寺に求めたのは人、いや「戦力」でした。

そもそも、堅田大責で本願寺が比叡山に攻撃された理由は、比叡山が幕府から堅田海賊討伐をそそのかされたことにありました。このときのように、幕府が寺社勢力に対して戦力面でも協力を要請することは昔から珍しいことではありませんでした。しかも、政元が戦力提供を要請した本願寺は、吉崎への本拠地移転後、輝かしい「戦績」を上げていたのです。

そのことを示す物語はまだ蓮如が吉崎にいた1474年に遡ります。いわゆる加賀の一向一揆です。その原因となった対立の構図は以下の通りです。

富樫幸千代（守護大名）＋一部の国人（地元武士）＋浄土真宗高田派門徒

v.s.

富樫政親《とがしまさちか》（富樫一族の反幸千代派）＋一向一揆（浄土真宗本願寺派門徒）

真宗高田派とは本願寺（真宗本願寺派）と同じく、親鸞を教祖とする浄土真宗の一派です。本願寺派が親鸞の子孫を法主として仰ぐのに対し、高田派は門弟真仏、顕智《けんち》を開祖とし、現在の三重県津市にある専修寺を本山として活動していました。もし、本願寺が中立を守り幸千代側が勝利してしまうと、自分たちのライバル勢力が北陸地域で幅を利かせることを許してしまいます。そうなると、比叡山が真宗高田派に交代するだけで、堅田にいた頃と状況が変わらなくなってしまいます。せっかくリスクを取って吉崎に本拠を移し、寺内町も繁盛し始めたのに、これでは商売あがったりです。

蓮如としてはノーチョイスでした。金森合戦では自分のために戦った門徒が比叡山の僧兵を殺したことを批判していた蓮如ですが、そんなことはどこへやら、この紛争に積極的に介入していくことを宣言するのです。

「一般論として『百姓』の分際で守護、地頭に逆らい、戦うなどということは前代未聞の悪事である。しかし（その守護が）『百姓』の信心を迫害するような場合、守護、地頭に『謀叛』を起すことは道理至極である」（『柳本御文集』）と。〈中略〉

当時の加賀では、この戦いは単なる政治抗争ではなく、仏法に関する聖戦とみなされていた。本願寺教団のみならず、一般の人々もまた、この戦いは通常の恩賞目当ての戦いではない、仏法の敵を退治する聖戦であると認識していた。

（出典：『宗教で読む戦国時代』神田千里／講談社）

本願寺門徒の大活躍により幸千代勢力は一掃されました。

富樫政親と本願寺の内部対立

しかし、今度は勝者側である富樫政親と本願寺の内部対立が激化します。幸千代を滅ぼしてから14年後の1488年、本願寺は政親の親戚の富樫泰高を擁立して、政親の高尾城を包囲し、そのまま攻め滅ぼしてしまいました。世に言う加賀の一向一揆の「軍事力」はこうして世に知れ渡ったのです。なんと、加賀に「百姓の持ちたる国」が誕生してしまったのです。

もちろん、この軍事力に政元が注目しないわけがありません。しかし、蓮如は1475年には吉崎を去っており、この戦闘については感知しないという態度を取り続けました。朝廷からの問い合わせを受けても「加賀の国の事情には関係せず出国しているのに、自分に指導が求められるのは迷惑である（『十輪院内府記』前掲書の訳）」と述べました。

また、この件について将軍足利義尚から「富樫政親を滅ぼした門徒を破門せよ」と命じられたときも、「蓮如は何も知らない尼、入道まで破門するわけにはいかないと述べ困惑を示した（『蓮如上人一語記』前掲書より）」そうです。このときは細川政元が両者をとりなして妥協させ、本願寺が門徒を叱るということで決着をつけました。政元を応援するという蓮如の戦略が的中した場面でした。蓮如はこの翌年の1489年に法主を引退し、息子の実如《じつにょ》を第9代法主の座に就けました。

ところが、前章でも述べた通り、その後政元の奇行がエスカレートし、疑心暗鬼になった家臣たちの反乱が相次ぎます。本願寺にとって運命の時は1504年にやってきます。政元がクーデターによって将軍から引きずり降ろした義材が、河内の国の守護大名である畠山義英と内通していたのです。

政元は即座に畠山義英を攻撃しました。ところが、畠山方の誉田城は守りが固くなかなか落とせません。そこで、政元は本願寺に「兵力」を提供するように要請しました。この頃、蓮如が吉崎から河内、摂津などに教線を広げてすでに30年近く経っていましたので、このエリアの本願寺は相当な「戦力」を保持していました。

まるで中央集権国家

ところが、反乱軍の畠山氏と地元の本願寺門徒の関係は良好で、教団本部が動員をかけても、一向一揆はまったく盛り上がりません。実如は仕方なく加賀から1000人の一向一揆を動員して何とか政元に義理立てし、恰好を付けました。

この後、しばらく本願寺は軍事的な協力を手控えます。もともと本願寺は「世俗の決まりはしっかり守ったうえで、精神世界は宗教に帰依するように」と指導しています。本当はお行儀のいい宗教なのです。また、これまでの行動パターンを見れば明らかですが、教団存続の危機が発生しない限り、教団本部から相手を仏敵認定して軍事力を行使することはありませんでした。

もちろん、地方では加賀の一向一揆のように、戦国武将化してしまう勢力もあったのは事実です。しかし、これも教団からの指示というよりは、地元の事情で起こった出来事であり、西欧的な意味での異教徒を殲滅《せんめつ》する宗教戦争とはまったく様相が異なりました。本願寺の教団本部は、教団に脅威がない限り他宗派の宗教活動も認めていました。本願寺はこれ以降、争いごとに巻き込まれないようにしつつ、ひたすら信者獲得という本業に専念したのでした。

その間、1507年の政元暗殺に端を発する澄之、澄元、高国による細川家の内紛が24年も続いています。幕府の権力は弱く、地侍や盗賊などはやりたい放題であり、人々は安心して暮らすことができません。また度重なる戦乱による財政難で、徳政令なども頻発しており、金融は麻痺状態でした。

しかし、そんな中にあって、本願寺の寺内町だけは治安が良く、政治的な力を使って徳政令からも除外される特権を持っていました。軍事力もあるため、野武士が乱入して突然重税を課すなどということもありません。寺内町での生活は酒や魚の販売も自由であり、西欧的な意味での宗教都市とはかなり異なった様相を呈していました。

もちろん、宗教的な側面もないわけではありません。少し時代は下りますが1561年8月のポルトガル人宣教師ガスパル・ピレラの書状には、「之（本願寺法主……筆者注）に対する崇敬甚だしく、ただ彼を見るのみにて多く流涕《りゅうてい》し、彼等の罪の赦免を求む」「坊主彼等に対して説教をなせば、庶民多く涙を流す」と書かれています。

ピレラはまた別の書状で「日本の富の大部分は、この坊主（本願寺法主……筆者注）の所有なり」とも述べています。比叡山、五山が衰退していく中で本願寺がどれほど経済的に繁栄していたかが伺われる内容です。

一揆の軍が加賀を中心にして、「百姓の持ちたる国」（実悟記拾遺）のようになり、「加賀、能登、越中の三カ国は本願寺の領地となりて、年貢を山科に差し上げる」（真宗懐古抄）と記されています。彼らは信仰の世界においても本願寺のある山科寺内町を首都と考えていたし、実質的にも年貢を山科へ差し出すという形で首都ととらえていたわけです。こうなってくると、天下を武力で統一しようとする戦国武将と鋭い対立関係に入るわけです。

（出典：『蓮如の町づくり』大谷學報第78巻第2号－5　滋賀県立大学教授　西川幸治）

当然、寺内町に移住したい人が増え、これらの人々は率先して本願寺に帰依していきました。寺内町のビジネスモデルはトラフィックが増えるほど本願寺に寄付が集まる構造です。

そして、経済力がつけば、当然軍事力もそれに比例して拡大します。本願寺は各地にある寺院、道場を拠点として村単位で門徒を武力として徴発できる中央集権体制を取っていたのです。そのため信者の増加はそのままダイレクトに兵力の増強につながっていました。

そして本願寺のシステムの中心にあって、首都のような役割を担っていたのが京都の山科本願寺であり、後の大坂石山本願寺でした。ここまでくるともう立派な「中央集権国家」です。

コントロール不能となった一揆

前章で1532年6月、三好元長が一向一揆に打ち破られ自害した事件について述べましたが、あのとき動員された門徒は10万人とも20万人とも言われています。当時の武将たちがせいぜい数千人しか動員できなかったことに比べて、本願寺が桁違いの動員が可能だった理由はまさに本願寺のビジネスモデルそのものにあったのです。

しかし、一向一揆というのは大衆運動としての側面も持ち合わせています。今谷明氏は「自らの階級的力量を自覚し、法主ら幹部の思惑とは別に、領主階級全般に対して鉾を倒《さかしま》にして向かってきた（『戦国三好一族』）」と指摘します。確かに自分たちの実力を自覚した大衆は得てして暴走するものです。

例えば、アフガニスタンで旧ソ連の支配を武力で打ち破ったアルカイーダのメンバーたちは、戦後帰国して自国でテロ活動を行うようになりました。三好討伐に動員された一向一揆の参加者たちも、帰国するとこれとまったく同じことをします。

堺で三好元長を討ち取ったとき、本願寺の実如はまだ一向一揆をコントロールしていました。一揆はあくまでも晴元の要請によるものだったからです。

しかし、翌月になるともはや門徒をコントロールできなくなってしまいました。突然、一揆は奈良に飛び火します。法主の命令もないまま、地元の門徒が一斉に決起したのです。

奈良は比叡山と並ぶ寺社勢力の老舗、興福寺が平安時代から「統治」していました。それだけ強固な支配層だったにもかかわらず、一向一揆の攻撃で興福寺の伽藍はほぼ全焼してしまいました。さらに、春日社が略奪を受けます。

奈良の一向一揆のニュースはたちまち方々に知れ渡ります。今度はその動きに刺激された摂津、河内、和泉の門徒がまたもや本願寺法主の命令なしに一斉蜂起し、畿内は大混乱に陥りました。

一番焦ったのは三好討伐に本願寺を利用した晴元でした。まさか法主のコントロールが利かなくなって大衆が暴走するとは夢にも思っていなかったようです。

暴走する一向一揆を止めるには強大な軍事力が必要です。晴元はそのためにあらゆる力を糾合して対抗しようと画策します。そこで晴元が目を付けたのが日蓮宗（法華宗）でした。

晴元が注目した日蓮宗の「軍事力」

京都に日蓮宗をもたらした日親は、「独裁者」足利義教に捕らえられ拷問を受けるなど酷い扱いを受けていました。しかし、嘉吉の変によって義教が暗殺されると、日親は釈放されて自由の身となりました。

日親が伝道を再開すると、次第に京都の商工業者（町衆）の支持が広がり、ついに将軍の義政の実の母、日野重子を信者として取り込むことに成功します。

その後は破竹の勢いで信徒を獲得し、応仁の乱の前までに、妙顕寺、妙覚寺、妙満寺など10の寺が京都市内に建立されました。後に信長が明智光秀の襲撃によって最期を遂げる本能寺もこの頃に建てられたものです。

日蓮宗は立教以来、ずっと内紛の絶えない宗派でしたが1466年の日蓮生誕244年祭で奇跡が起こります。そこに集まった諸寺の間に和解（寛正の盟約）が成立したのです。内部分裂による潰し合いが終わったことで、内に向いていたパワーは外に向かって解放されます。これ以降、日蓮宗は京都でさらなる大躍進を遂げました。

そして、この奇跡の翌年、応仁の乱が始まります。比叡山や五山にとって応仁の乱は災難以外の何物でもありませんでしたが、新興宗教の日蓮宗にとっては旧勢力をぶっ潰す千載一遇のチャンスでした。しかし、新参者の日蓮宗は本願寺同様に比叡山などの旧寺社勢力から激しく虐められることになります。

文明元年(一四六九)七月、山徒は根本中堂に閉籠して集会決議し、幕府に(日蓮宗の……著者注)弾圧を要求した。しかし応仁の乱の渦中にあった幕府は事を好まず、同八月、山徒の暴徒を抑えるよう山門宿老に申し送っている。この頃、奈良の町でも法華宗の檀家が増え、文明二・三年(一四七〇・七一)の両度に亘り興福寺が弾圧の実力行使をなしている。大和一国は興福寺が排他的支配権を持っているので、幕府に何の相談もなしに単独で日蓮党追放を行い得たのであった。

しかしこのような旧仏教(顕密)側の反撃も言わば焼け石に水で、その後も日蓮宗の教線は京都・奈良・堺といった大都市を中心に伸長の一途をたどり、のちに天文元年(一五三二)の頃、京都に日蓮宗繁昌して、毎月二ヶ寺三ヶ寺宛、寺院出来し、京中大方題目の巷となる。

といわれるまでになっていた(『昔日法華録』)。戦国時代の京都の町は、うちわ太鼓と南無妙法蓮華経の唱題の声が辻々、角々にやかましく満ちあふれていた。

（出典：『天文法華の乱～武装する町衆～』今谷明／平凡社）

旧寺社勢力からの度重なる妨害にもかかわらず、日蓮宗の信者拡大は止まりませんでした。その背景には京都などの都市部への大量の人口流入が挙げられます。小氷期の間は、天候不順による飢饉が頻発したため、地方で食べていけなくなった人々は食と職を求めて都市に流れていきました。彼らの多くが少ない元手で始められる商工業など、様々な社会の底辺の職業に就きます。既得権者は当然こういう人々を仲間外れにします。日蓮宗はこのように都市共同体の外側で孤立した京都の新住民たちに受け入れられていったのです。それは高度経済成長期において、地方出身者を中心とした都市の新住民に創価学会が爆発的に広まっていったのに似ています。

しかし、なぜ彼らが大名たちからお呼びがかかるほどの「軍事力」を持っていたのでしょうか。

応仁の乱の京都では諸侯入り乱れて市街戦が展開されました。幕府の治安維持機能が麻痺し、いつなんどき武装集団が襲い掛かってくるかわからない不安な状態が続きます。そんな極限状態で町衆が暮らしていくためには自ら武装し、街区を釘貫《くぎぬき》とよばれる堅牢なゲートとバリケードによって防衛するしかありませんでした。日蓮宗の信徒たちはこのような身近な治安維持活動を通じて日常的に軍事能力を高めていったのです。

しかし、応仁の乱後も細川管領家の内紛などが相次ぎ、町衆は治安維持能力を必要としました。特に1527年は細川高国が「大物崩れ」で大敗を喫した後に、京都が無政府状態となるという最悪の事態が発生しました。三好元長らが軍勢を連れて上洛すると、高国の残党狩りと称して屋敷に押し入り、金品を奪い、さらには人を拉致するなど乱暴狼藉の限りを尽くしました。当時の武士たちのボーナスは略奪による金品だったからです。

しかし、そんなことを好き勝手にされたら京都の町衆はたまったものではありません。このとき、町衆が組織する自衛軍は、公家らと連携して事態に対処しました。

(1527年)七月十六日に公卿の正親町家が、十八日には中山家が四国兵(三好軍……筆者注)に襲撃された時には、言継ら公卿衆が二十人余徒党を組み、上京町衆を率いて現場に仲裁にかけつけ、大事に至らずことを収めている。「町町警国を置く」という文明以来の伝統が生きており、幕府権力が空白状態になっても町衆の自衛軍が一定程度の局地的治安維持に当たるという、市民の自律的警察能力がはたらく構造になっているのである。

（出典：前掲書）

今谷氏によれば、日蓮宗が主導した法華一揆の原型はすでにこのときにはでき上がっていたとのことです。晴元はそんな日蓮宗の戦闘能力に注目しました。１５３２年7月、大和（奈良）から飛び火した一向一揆が暴走して、河内、摂津、和泉を席巻し、京都侵略も時間の問題と言われていました。しかし、事実上の幕府として機能していた管領家は京都の防衛をするほどの力もなく、三好元長亡き後の堺に立て籠っていました。歴史上、京都という町は攻め易く、守りにくいため、軍事的な力の中核だった元長を自ら葬り去った晴元は京都を維持する力を失っていたのです。

同年7月23日、本満寺ほか日蓮宗各寺に軍勢を出すよう幕府から連絡がありました。これに対して日蓮宗各寺は町衆を動員して京都自衛軍を編成します。日蓮宗の信者である町衆には、一向一揆が北上して京都の本国寺を襲撃するのではないかという噂が広まっていたため、町衆の危機感は相当なレベルに達していたと言います。８月７日、本国寺に終結した３０００～４０００人の自衛軍は鬨《とき》の声を上げて市内を練り歩く軍事パレード（打廻り）を行いました。法華一揆の登場でした。この日から、１５３６

年7月27日までの約4年間、晴元不在の京都の治安を維持し、一向一揆などの外敵から守っていたのは法華一揆です。

京都の治安を守る「法華一揆」

イスラエルという国は南北に長く東西に短いため、一旦敵の侵入を許せば国家が分断されすぐに滅ぼされてしまいます。イスラエルにとって専守防衛とは、国境線の外側で敵を殲滅することに他なりません。法華一揆が守る京都も、これとまったく同じです。

歴史的に見ても、京都市内まで外敵の侵入を許せば、京都を守り切ることは不可能なことはわかっています。そこで、法華一揆は一向一揆北上の知らせを受けると、即座に出動し境界線の手前で撃破するという戦略を取りました。

一向一揆の二大拠点である山科本願寺と石山本願寺から繰り出される軍勢を、法華一揆は京都の東と南の境界線で何度も撃退し連戦連勝となりました。1532年8月24日には敵の本拠地である山科本願寺を六角氏らと約3万人で包囲し、すべての建物を放火して焼き尽くしました。

このときの本願寺の法主は実如から証如《しょうにょ》に代替わりしていましたが、彼らは山科を脱出し石山本願寺に移りました。以降一向一揆の本拠地は大坂石山本願寺となります。

山科攻めは終幕をつげるが畿内の一向一揆・法華一揆の対決はまだまだ続く。その第一段階が収まった時点でふり返ってみると、七月中旬の奈良から始って八月上旬までの局面は、一向一揆と国人（地侍）の対決という、農民闘争的な性格が濃厚である。ところが八月十日、山村正次が法華一揆を使嗾《しそう》して京郊の諸道場を焼打させて以降、本願寺と法華一揆の抗争という宗教戦争的色彩が加わり、また都市と農村の戦争という複雑な性格を帯びてくるのである。〈中略〉

すでに山科攻めの前後から、法華一揆に参加した町衆の間には、異常な興奮と熱気が渦巻いていた。武力集団というものは、一たん自らの力を自覚すると、とめどもない膨張運動にのめり込むものと見える。

（出典：前掲書）

山科本願寺を殲滅しても、一向一揆の勢いはやむことがありません。法華一揆はたびたび出撃してこれを撃退しました。ところが、肝心の晴元がグダグダです。翌15

33年2月、堺の町が一向一揆に襲撃され、晴元は家臣の木沢長政ともども淡路島に敗走してしまうのです。京都では情報が錯綜し、一旦は晴元討ち死にというニュースが流れます。この時点で晴元のめぼしい家臣は摂津守護代薬師寺国長だけとなり、法華一揆が京都の実質的な「大名」になってしまいました。

「宗教戦争」は終結したが……

もともとは京都の町衆が武装した法華一揆はいい意味でも悪い意味でも素人集団です。「晴元死す」のニュースが流れると、不安でいっぱいになった彼らの行為はエスカレートします。法華一揆は京都防衛を担う軍隊であると同時に、市内の治安を守る警察でもあるため、一向一揆に内通するスパイの摘発は苛烈を極めました。

1533年2月14日には浄土真宗伏見西方寺の住持がスパイ容疑で逮捕され即座に処刑されました。いくら法華一揆と一向一揆が戦争状態にあるからと言って、幕府の正式な刑事手続きによらず他宗の僧侶を殺害する行為はやり過ぎでした。

この後、スパイの摘発と公開処刑は続き、しまいには京都郊外の西山郷、唱門師村など本願寺門徒の村を捜索したうえ焼き払う行為に及びました。ここで恨みを買い過ぎたことが法華一揆にとって痛恨のミスだったことは、この時点で彼らが知る由もありません。

同年3月、死んだと思っていた晴元の家臣の木沢長政が突然京都に現れ、法華一揆側に軍勢の催促をしました。淡路島から摂津に入国した晴元は家臣の武将を糾合し石山本願寺を包囲するというのです。4月24日、4万人に及ぶ法華一揆の大軍は京都を出発し、5月には晴元の軍勢と合流して石山本願寺を包囲しました。

ところが、戦線は膠着《こうちゃく》して動かず、双方に厭戦《えんせん》気分が蔓延しました。本願寺の証如は、当時まだ12歳だった三好長慶に和睦の仲介を依頼します。実は晴元も三好長慶に使者を送り、自陣に援軍を送るように要請していました。

長慶が父の仇《かたき》である晴元の誘いに乗るわけがありません。あくまでも仲裁人として振る舞います。長慶は三好一族の長老を自身の代理として遣わし、あっという間に和平交渉をまとめ上げてしまいました。１５３３年6月24日、法華一揆は洛中に引揚げました。これ以降、法華一揆が京都市内から外に軍事力を行使することはありませんでした。そして、１５３４年10月、木沢政長の斡旋により晴元は長慶と和議を結びます。

織田信長の誕生日は１５３４年6月23日です。まさに、畿内の「宗教戦争」終結、晴元と長慶の電撃和解の最中に信長が誕生しました。

信長の父、信秀は尾張守護斯波氏の代官であり、この頃は今川氏豊の那古野城を奪って拠点とし、現在の名古屋周辺に勢力を拡大していたころでした。とはいえ、信長の祖父に当たる信定はすでに津島神社の権益を手に入れており、伸び盛りの新興勢力であったことは間違いありません。

津島神社は美濃湾に面した海上交通の要衝で、津島商人たちは伊勢や駿河方面との交易で栄えていました。信忠は津島神社および津島商人たちの権益を武力によって守る代わりに、経済的に自分をサポートさせたのです。それは、毎度おなじみの「越後屋システム」でした。

しかし、いくら伸び盛りの織田家でも、まだこの時点では畿内の大戦争に介入する力はありませんでした（ちなみに、その約10年後の1543年、信秀は京都御所の修理費用として4000貫文もの巨額寄付を行っています）。

またもや「恐ろしき山」が動く！

日蓮宗と本願寺との戦争が終わっても、晴元は摂津の芥川城に留まり、12代将軍足利義晴も近江から動こうとしませんでした。細川高国の甥に当たる晴国が本願寺の援助を得てゲリラ化し、たびたび京都を襲撃したからです。晴元は法華一揆に京都の警固権を付与しこれに対抗させました。あくまでも自分の手を汚さず、他人の力を利用する試合巧者が晴元でした。

そんなとき起こったのが「松本問答」という事件です。1536年2月、比叡山の華王坊が京都の町中で辻説法していたところに、観光に来ていた日蓮宗の信徒である松本久吉が通りがかりました。ちょうどそのとき華王坊が日蓮宗批判をしていたのですが、久吉はそれが聞き捨てならないと高座に詰め寄って論争になります。

華王坊は明らかに勉強不足で在家信者である久吉に完全論破されてしまいました。久吉は比叡山を批判したのではなく、華王坊の不勉強を批判したのですが比叡山はそんなことよりもメンツを潰されたことに怒り狂います。まずは僧兵を繰り出して京都中の旅館を捜索し、久吉を捉えようとしますがすでに久吉は河内に旅立った後でした。憤懣《ふんまん》やるかたない比叡山は得意の強訴に出ます。「日蓮宗一派が称している法華宗の宗号には経典上の根拠がないので使うな！」というのです。

将軍義晴は当初は比叡山の肩を持ちますが、日蓮宗側の巻き返しにグダグダになります。比叡山の怒りは頂点に達し、ついに軍事行動を決意したのです。

この騒動には前段階があります。石山本願寺の戦いが終結した後、法華一揆に参加した人々は戦争への貢献の見返りに町屋敷地にかかる地子《じし》（固定資産税）を免除するように要求していました。実際には「地子未進」といって税金を未納のまま放置することで実力行使に及んでいたのですが、晴元はこれを黙認していました。

しかし、戦争終結から2年もたった今、この問題も含めて晴元にはそろそろ日蓮宗が邪魔になっていたのです。今谷明氏は、晴元が比叡山をわざと怒らせるために将軍に曖昧な態度を取らせたのではないかと推理しています。1534年に強大な軍事力を持つ三好長慶と和解していた晴元にとって、もはや法華一揆は用済みだったのです。

比叡山は本願寺も含めたあらゆる寺社勢力に、法華一揆退治の援軍を派遣するように要請しました。しかし、この煽りは不発に終わります。日蓮宗の宿敵である本願寺ですら援軍を派遣することはありませんでした。本願寺は今回の戦争でほとほと参っており、1570年の第1次信長包囲網までの間、畿内で目立った軍事行動は行いませんでした。

結局、比叡山に協力したのは近江の守護六角氏だけでした。とはいえ、とりあえず援軍を得て、比叡山は戦争準備に入ります。まず手を付けたのは近江からの京都への交通を遮断して兵糧攻めを行うことです。

なぜ延暦寺なる一寺院が中心都市の経済封鎖を行いうるのかといえば、京都の米穀卸売り市場である三条の米場に搬入される米麦の大半が山門の影響下にある坂本の米市を経由してくるからであった。さらに東海道栗田口から洛中に入る米の運搬業者である馬借も大津・坂本の業者が多く、彼等のかなりの部分が山門を本所とする座を結成していた。勿論山門と無関係の米穀搬入ルートも存在するが、東海道を大津・坂本まで抑える山門経済の影響力は大きく、これはかなり強力な効果が期待しうる作戦であった。

（出典：前掲書）

本書では繰り返し指摘していますが、比叡山が抑える近江は京都と北陸や東国を結ぶ「シーレーン」上にあるチョークポイントなのです。ここを封鎖されれば、京都は飢え死にするしかありません。法華一揆は比叡山におびき出されたのです。

1536年7月26日、京都を包囲する比叡山、六角連合軍は一計を案じます。和睦に見せかけて法華一揆を油断させ、翌朝未明から全軍による奇襲攻撃を敢行したのです。虚を突かれた法華一揆は総崩れとなりました。京都在住の無関係な人々にたくさんの犠牲者が出たうえ、京都の町は放火によって広範囲が焼け野原になりました。その規模は応仁の乱を超えていたと言います。

法華一揆を比叡山の力で滅ぼした晴元は摂津の芥川城から念願の上洛を果たしました。日蓮宗は徹底的に禁止され、僧侶の居住も布教も寺院の再建もすべてご法度《はっと》となります。京都を追われた日蓮宗の信徒たちは堺などに逃げていきました。

しかし、宗教勢力を弄《もてあそ》んだ晴元には罰が当たります。1539年に京都は大洪水、1540年には飢饉と疫病が流行し、1541年には家臣の木沢政長が反乱を起こすという災難が続きます。

しかし、1542年3月、晴元と和解した三好長慶によって長政の反乱は鎮圧され、長政は討ち死にしました。4月、晴元は将軍義晴を京都に呼び戻すことに成功し、これで室町幕府は完全復活となります。日蓮宗の京都復帰が許可されるのはこの年の11月です。

ところがその6年後（1548年）、晴元が最も頼りにしていた三好長慶が遊佐長教《ゆさながのり》とともに晴元に反旗を翻しました。翌年6月、榎並城《えなみじょう》の戦いで晴元は大敗しそのまま逃亡してしまいました。将軍の義晴も、晴元大敗の報を受けて息子（次期将軍の義輝）と一族郎党および幕府の官僚らを引き連れて近江の坂本に逃げてしまいました。

完全復活したはずの室町幕府は1年足らずであっけなく再崩壊してしまったのです。

この後、長慶と将軍家は１５５２年に一時的に和解しますが、翌年に再び決裂し、長慶が阿波、淡路、讃岐、和泉、丹波、摂津、山城など畿内の主要地域を治める「天下人」となりました。これは全盛期の織田信長に匹敵する版図です。信長が初めて上洛する15年も前の話です。

では、なぜ長慶はそのまま天下を取れなかったのでしょうか？　その原因は長慶の甘さにあります。榎並城の戦いでも見られるように、長慶は圧勝しているにもかかわらず晴元と将軍義晴を追撃しませんでした。こういった敵方に対する寛大な処置が後々長慶の足を引っ張ることになります。

長慶はいい意味でも悪い意味でも「読書人」であり、「常識人」でした。父の仇である晴元を何度も追い詰めておきながら、わざと取り逃がすような「甘噛み」はまさに読書による間違ったランク主義によるものではないでしょうか。長慶には利用価値がなくなったら切り捨てて殲滅するといったシビアさがありません。

また、その経済政策も基本的には現状維持です。天下人となってからの財源は幕府から押領した領地の年貢などに頼っていました。おそらく常識人として古き良き中世の権門体制を維持するのが自分の役目だと自覚していたのでしょう。時代の流れを読み切れなかったお坊ちゃんだったのです。

新興大名・織田信長

織田信長は1546年に元服し、1551年に父の信秀から家督を相続しています。長慶が飛ぶ鳥を落とす勢いで天下人として大成功をおさめているときに、信長は尾張国内の統一戦争を戦い、やっと尾張を統一したかと思ったら今度は今川氏という巨大な敵と戦わざるを得なくなりました。まさに、この頃の信長の人生はピンチに次ぐピンチでした。最強の野武士軍団を率いる軍閥の当主として、生まれたときから畿内で向かうところ敵なしの長慶とは育った環境がぜんぜん違ったのです。

細川政元の暗殺から、細川家の内紛へと発展した内乱は禁断の宗教勢力の動員を経て、室町幕府を機能停止に追い込みました。一時的に畿内のヘゲモニーを握った長慶は甘ちゃんでシビアさがなく、とても天下を取れる器ではありません。そうしているうちに、日本全国では下剋上が頻発し、戦国武将たちが淘汰を経ていくつかの勢力に糾合されていきました。

経済の面で見てみると、室町以降の貨幣不足の状況はまったく変わっていません。

デフレ不況が続く中、民衆は貨幣不足を補うために米を媒介とした取引に手を染め始めました。貨幣経済の後退です。これは日本経済にとって極めて深刻な事態でした。

そんな中、明朝の貿易体制に風穴を開ける重大な事件が起こります。それは、貨幣経済に新たな地平を開く金、銀という新しい金属通貨の登場でした。日本の外で変わり始めた経済のグローバルスタンダード——。

果たして新興大名の信長はこの大きな流れに乗れるか？　乗り遅れるのか？

皆様お待たせしました。「第四部」より織田信長が本格的に登場します!!

第四部　信長は何を変えたのか？

第7章　信長の本当の業績

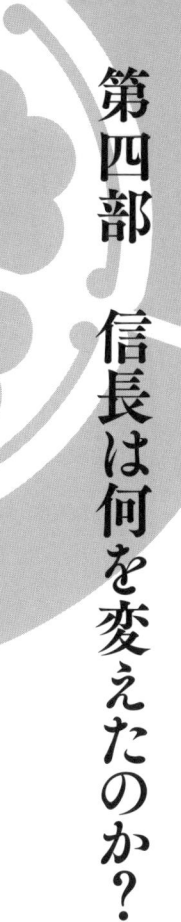

お待たせしました。シリーズ最速のタイミングで主人公の織田信長が登場です。しかし、皆さんの期待しているような信長の話はたぶん出てこないと思います。その期待は間違いなく裏切られるでしょう。この本は「経済書」であることを思い出してください（笑）。

尾張一国を苦労して統一し、「桶狭間《おけはざま》の戦い」で大きな賭に勝った信長は、まさに叩き上げの創業社長でした。伸び盛りの中小企業の社長はとてもシビアであり、その行動理念は時代を超えて今の会社経営や国家戦略の実現にも通用するものでした。戦国時代の武士道とは私たちがイメージしているものとはかなり違い、イノベーションと組織改革を中心としたダイナミックな経営思考に近かったようです。戦国武将のチャンピオンである信長がそうだったのですから間違いありません。

ここからは信長が実際に行った政策を、いよいよ経済で読み解くことにしたいと思います。果たして信長は「応仁の乱」から続く強迫神経症的な内乱状態を止められるのか？　そして、日本経済はこの先いったいどうなるのか？　衝撃の結末は最終章までお待ちください！

信長の8つの業績

本シリーズとしては珍しく、主役の織田信長が早くも登場です。何とか間に合いました。しかし、せっかく登場した信長ですけど、いきなり信長の業績について結論を申し上げたいと思います。

一般的に信長の業績として挙げられているのは、次の8つです。

①検地をおこなって所有関係を整理した
②武士を城下町に集めて兵農分離を推進した
③座の特権を排して、楽市楽座を推進した
④関所を廃止し、道路、橋などの交通網を整備した
⑤堺などの自治都市を掌握して統制下に置いた
⑥撰銭令《えりぜにれい》によって貨幣の流通の円滑化を進めた
⑦国内の不要な城を破壊して、国衆の軍事力を削減させた
⑧一向一揆を壊滅させたことをはじめ、あらゆる宗教勢力を統制下に置いた

(出典:『信長・秀吉と家臣たち』谷口克広/学研新書)

信長の研究で有名な歴史家の谷口克広氏はこれらについて概ね次のような評価を下しています。

①検地をおこなって所有関係を整理した
↓不十分、不徹底
②武士を城下町に集めて兵農分離を推進した
↓かなり進めたがそれでも不徹底
③座の特権を排して、楽市楽座を推進した
↓むしろ現状維持、座は廃止せず利用した
④関所を廃止し、道路、橋などの交通網を整備した
↓これは事実、その功績は大きい
⑤堺などの自治都市を掌握して統制下に置いた
↓現状維持を約束する代わりにむしろ利用した
⑥撰銭令によって貨幣の流通の円滑化を進めた

↓中途半端で効果もイマイチ

⑦国内の不要な城を破壊して、国衆の軍事力を削減させた

↓これは事実

⑧一向一揆を壊滅させたことをはじめ、あらゆる宗教勢力を統制下に置いた

↓言うことを聞かないときに攻撃しただけで別に統制してない

（出典：前掲書（筆者による抜粋・要約））

あれ？　日本のシステムをぶっ壊すはずだったのに随分と穏便？　思いのほか穏健な政策しかしていないような……。

信長の業績を政策レベルで見てしまうと実はこの程度ということになってしまいます。世に氾濫する「信長本」は大抵この手の政策レベルの話を針小棒大に語って信長を礼賛するのですが、私はそういうことをしてもあまり意味がないと思います。信長の凄さはそこではないのです。

信長は「創業者」タイプ。秀吉、家康は「経営者」タイプ

私事で恐縮ですが、私は本を書くときの肩書は経済評論家ですが、あくまでも本業は実業家です。経済評論家・勝間和代の事務所の社長として活動していますし、憲政史家の倉山満の倉山塾を始めとしたネット上のコミュニティのASP事業や、格闘技のジムの経営など、ほとんどの時間は自分の事業に費やしています。もちろん、FXを始めとしたアブナイ金融商品にひと通り手を出している投資家でもあります。原稿を書いたり、テレビに出たり、講演したりするのは実益を兼ねた趣味であって決して本業ではありません。

私が信長を見るときの視点は、まさにこの〝実業家〟としての視点です。信長の偉大さは政治家としての手腕もさることながら、尾張下半国の代官からスタートして、天下統一の一歩手前まで行ったその経営手腕にこそ見るべきものがあります。一代で町工場からグローバル企業に成長させた立志伝中の人物と信長の姿が被って見えて仕方ないのです。

昔、パソナグループの代表である南部靖之氏に面白い話を聞いたことがあります。

「社長には2種類ある。経営者と創業者だ。経営者はお金を稼ぐ人。創業者はお金を使う人。私は創業者なのでお金を使うことばかり考えている」

私も仕事柄多くの経営者に会ってきましたが、確かに社長には経営者タイプと創業者タイプがいます。創業者タイプの人には「ヴィジョナリー」と言って、未来を見通す力を持った人が多いのも特徴です。未来が見えるからこそ先回りして投資をする。だから南部氏は「創業者はお金を使うタイプ」と言ったのです。逆に経営者タイプの人は、創業者の先回りが的中した後、儲かる仕組みに様々なチューニングを加えてそのリターンを最大化する人です。

かくいう私は典型的な経営者タイプで、ゼロからの創業は苦手です。先ほどご紹介した事業も、勝間和代氏、倉山満氏などヴィジョナリータイプの主役との共同事業ですし、格闘技のジムは総合格闘家の戸井田克也氏の創業した「トイカツ道場」のフランチャイズです。私は南部氏の発言を次のように解釈しています。

創業者はゼロからイチを作り出す人。経営者はイチを十とか百に伸ばす人。

そういう観点から信長を捉えると、信長こそは間違いなく創業者タイプの人物だったと思われます。本章冒頭に挙げた8つの政策がかなり中途半端に終わったとしてもむしろそれは当然ではないでしょうか。信長はゼロからイチを作り、秀吉がそれを伸ばしました。そして、家康はその一部を伸ばし大半を現状維持したというのが私の見方です。

信長を〝正しく〟評価せよ

アメリカのビジネススクールの教科書としてよく使われている『イノベーションのジレンマ』という本に「5万ドルの注文に夢中になれる組織」の事例が出てきます。ある大企業がイノベーションを新規事業として成功させるためには、本体の巨大な売り上げを基準にせず、市場の大きさに見合った売り上げ目標を設定する必要があるという話です。当然、新規事業というのはこれから成長するマーケットを狙いますので、参入当初の市場規模は小さいことがほとんどです。5万ドル（約500万円）の売り上げに夢中になるというのはまさにそのことを指しています。

今から振り返れば、確かに信長というのは歴史上大きな存在です。しかし、信長の短い生涯のうち大半は〝中小企業〟の経営者であり、〝大企業〟になったのは「本能寺の変」の3年前ぐらいからです。本章冒頭の8つの政策で画期的な成果を上げて当然という発想は、まさにこの晩年の3年間にとらわれた色眼鏡ではないでしょうか。

1551年に家督を相続した時点での信長は尾張下半国のそのまた3分の1程度を治める零細企業でしかありませんでした。よって私は、信長の勝利条件を大企業並みに引き上げることを良しとしません。まして、いろんなこじつけをして、信長が大企業並みの事業計画を達成したかのような演出をするのは間違っていると思います。それよりも私たちに必要なのは、信長の業績を「5万ドルの売り上げに夢中になる組織」レベルで評価することではないでしょうか。

また、冒頭の谷口克広氏の評価にある通り、信長は自分に敵対しない限り既存の秩序を維持しましたが、関所の廃止のような政策は優先順位を高めて積極的に行っています。祖父の代から津島神社の権益にバックアップされていた信長には商人的な感覚があったことは間違いありません。だからこそ、うまくいっている仕組みは積極的に取り入れ、改良しながらパフォーマンスを高めていったと思われます。そういう意味で、座や寺社などの権益もとりあえずは現状維持しつつ、少しずつチューニングしていった形跡が見受けられます。

その変化は信長の短い生涯の中でとても小さいものだったかもしれませんが、後世に大きな影響を与え、前述の通り、秀吉、家康の統治も信長の延長線上にとらえることが可能です。そういった意味で、信長の業績評価についてあまり定量的なものだけに拘泥せず、定性的な部分も見ていかないといけません。

ただし、定性的な部分だけを過剰評価すると「信長礼賛本」と変わらなくなってしまいます。私はこの点について適度なバランスが必要ではないかと思っています。

そしてもう一つ大事なことは、信長本人が意図しなかった効果についての評価です。谷口氏の指摘通り、信長は現状を維持しつつ改革の方向性を示しました。その政策は中途半端に終わったものが大半ですが、それによって新しい時代の経済の常識が生まれたことも事実です。

特に、中央銀行と不動産デベロッパーと商工ファンドを兼任して巨大な力を持っていた寺社勢力から経済政策の主導権を奪い返した点は高く評価できるでしょう。信長は安全保障上の理由からノーチョイスでそうせざるを得なかっただけかもしれませんが、結果として、秀吉、家康にこの経済の主導権は引き継がれていきました。この点については後述します。

「天下人」三好長慶の最期と信長の台頭

信長をしのぐ権勢を誇った三好長慶は度重なるオウンゴールで自滅し、最後は失意のうちに病死しました。

最大のミスは１５５８年の将軍義輝との講和です。せっかく弱体化の極みに追い込んだ室町幕府をなぜ復活させてしまったのか。長慶の痛恨のミスでした。

しかも、このとき長慶は京都で対峙していた義輝・晴元連合軍よりも圧倒的な戦力があり、その気になれば将軍弑逆《しいぎゃく》、首のすげかえ、追放、そして自分の言いなりになる将軍を選ぶことなどもできたはずです。にもかかわらず、なぜか講和してしまったのです。甘すぎます。

苦労して追い出した将軍義輝は11月に京都に戻ってきました。その３か月後、尾張を統一したばかりの信長が初めて上洛し、義輝を訪問しています。さらにその１年後（１５６０年）、信長は桶狭間の戦いで今川義元を破り、有力な戦国大名として認識されるようになります。

１５６１年、長慶は義輝の斡旋により父の仇、晴元と２度目の和解をしました。長慶はこの頃から言動がおかしくなり、痴呆症のような症状を示すようになりました。1563年に晴元が病死すると、張り合いがなくなってしまったのか長慶の病状はますます悪化し、翌1564年にはあとを追うように長慶も病死してしまいました。

この後、三好一族を引き継ぐのは長慶の息子の三好義継、家臣の松永久秀および三好三人衆（長慶の重臣だった三好長逸《ながやす》・三好政康《まさやす》・岩成友通《いわなりともみち》）です。長慶は将軍や管領など旧エスタブリッシュメントと対立しても所詮「甘噛み」でしたが、三好残党は「ガチ」でした。三好残党と将軍家の間で戦いが勃発するのは時間の問題だったのです。長慶の死から2年後、三好残党の大軍が義輝のいる室町第を包囲し、攻撃を開始しました。1565年5月19日、「永禄の変」の勃発です。

義輝は多胡伊勢守に兵法を学んだ剣客であり、自ら剣を抜いて2時間にわたって持ちこたえました。しかし、最後は長刀で足を払われ、畳をかぶせられて刺殺さるという壮絶な最期を遂げました。室町第には火が放たれて全焼。これで残党側も完全にタガが外れました。

三好残党はもともと仲が悪かったため、共通の敵である義輝がいなくなったことで激しい内部対立を起こします。ついに義継、松永派と三好三人衆が対立して仲間割れを始め、畿内各地で血みどろの内戦が始まってしまいました。1567年に東大寺の大仏が焼けたのもこの戦いのせいでした。

これは国家レベルの強迫神経症のようなものです。強迫神経症とは、何かのトラウマから同じこと（多くは愚行）を繰り返してしまう病気です。細川高国と澄元・晴元の戦い、晴元と長慶の戦い、そして三好残党の内戦、いずれも応仁の乱を再現する強迫神経症的な行為としか言いようがありませんでした。

なぜそんなことになったのか。憲政史家の倉山満氏によれば、歴史教科書の記述とは裏腹に室町幕府の権威は非常に高く、当時多くの人に支持されていたからだそうです。弱体化して機能不全に陥っているのに、潰すに潰せない。とても厄介な状況が続いていたのでした。

さて、永禄の変で殺された義輝の一族には一人だけ生き残りがいました。奈良一条院に入室していた末弟の覚慶（後の義昭）です。義昭は甲賀武士の和田惟政《わだこれまさ》の手引きで奈良を脱出し、近江、若狭、越前へと流れていきました。義昭は全国各地の大名たちに手紙を書いて、三好三人衆の不正を訴えるとともに、自身の京都復帰の援助を要請しました。

この要請に応えたのが信長でした。１５６８年9月、信長は6万の大軍を率いて上洛します。三好三人衆は六角氏と同盟を組んでこれを妨害しようとしますが、一瞬で蹴散らされました。度重なる内紛で消耗した三好三人衆では、尾張を統一し、美濃、伊勢にまで版図を広げていた上り調子の信長にまったく歯が立たなかったのです。三好三人衆は敗退し、本拠地の阿波に逃亡します。三好残党の内戦で三人衆と対立していた義継、松永久秀の一派はすぐに信長に下り、久秀は大和一国、義継は河内北半国を安堵されました。こうして、畿内に平和が訪れたのです。

信長は義昭を将軍に任官させ、義昭側近らを巧みに三人衆の旧領国に配置して間接支配の体制を整え、ただ大津・草津・堺を直轄都市として配置大名の管轄から切離し、岐阜へ引き上げた。この厄介な五畿内に子飼いの直臣を置かず、旧勢力関係の人間を配置したのは信長の慧眼《けいがん》であった。彼らの疲弊と内訌《ないこう》を待ち、熟柿の落ちるを待って直接支配に切り替える慎重策を取ったのである。これは長慶の施策の長短を学んだもので、以降の推移は彼の見通しの正しさを証明した。

（出典：『戦国三好一族～天下に号令した戦国大名～』今谷明／洋泉社新書）

今谷氏のこの評価はとてもコンパクトに書かれていますが、信長の政策の肝を見事に言い当てています。この後、信長はその版図を広げ天下統一寸前まで進んでいきますが、基本的にこの畿内安定策と同じ政策を各地で実施しています。つまり、この今谷氏の評価は信長の政策のフレームワークを示す極めて重要な指摘だと言えます。

信長の政策を整理する

重要な部分をマークしたうえで、一つ一つ抜き出して解説しておきたいと思います。

信長は義昭を将軍に任官させ、義昭側近らを巧みに三人衆の旧領国に配置して**①間接支配の体制**を整え、ただ**②大津・草津・堺を直轄都市として配置大名の管轄から切離し、③岐阜へ引き上げた**。この厄介な五畿内に子飼いの直臣を置かず、旧勢力関係の人間を配置したのは信長の慧眼であった。**④彼らの疲弊と内訌を待ち、熟柿の落ちるを待って直接支配に切り替える慎重策**を取ったのである。**⑤これは長慶の施策の長短を学んだもので、以降の推移は彼の見通しの正しさを証明した。**

まず「①間接支配の体制」についてです。信長はこれ以降戦いの連続でしたが、戦後処理のやり方は基本的にこの方式が取られました。久秀が大和一国の所領を安堵されたことなどもこの範疇《はんちゅう》に入ります。また、後に丸十年も戦闘状態が続いた本願寺に対しても同じです。石山合戦和睦後、信長は法主顕如らを大坂から立ち退かせただけで、布教禁止などの措置は取らず、その活動は認めました。自分の政策に反対する者には容赦がありませんでしたが、多少なりとも譲歩すればそれなりの対応で報いています。

それはある意味で余計なリソースを使わないという戦術です。信長は9年かかった尾張統一で苦労した経験から、限られたリソースを有効に配分する「経営術」を学んだのではないでしょうか。ただし、これは信長がオリジナルというわけではなく、戦国時代においてはよくある手打ちだったことには注意が必要です。

次に、「②大津・草津・堺を直轄都市として配置大名の管轄から切離し」という点です。前章までに何度も出てきましたが、京都から近江方面にかけてのルートは京都の「シーレーン」です。ここを抑えられると京都には物資が入らず、すぐに干上がってしまいます。

しかも、信長が拠点としている岐阜城とも分断されてしまうため、戦略上も重要なチョークポイントでした。当然、この部分のコントロールを維持することが全国制覇を達成するうえでは最も重要となります。そして、このエリアは伝統的に比叡山の影響が強いエリアでした。

また、山科本願寺はすでに焼き討ちされてなくなっていましたが、本願寺の門徒も数多く居住しているエリアでもありその影響も侮《あなど》りがたいものがありました。後の比叡山延暦寺焼き討ちと石山本願寺包囲戦の種はこの時点で蒔《ま》かれていたと言っても過言ではありません。

３つめの「③岐阜へ引き上げた」というのは⑤にも関連するものです。京都は歴史的に攻め易く守り難い場所であるため、信長がそのまま京都に居座ることはリスクが高すぎました。信長は過去の事例からこれを学んでいたと思われます。

また、岐阜は京都に近く、仮に京都を取られたとしても即座に反撃できる位置にあります。三好三人衆が京都を取り返しに来たとしても、彼らの本拠地である阿波から京都までの補給線は長く、それよりも近い岐阜を本拠とする信長のほうが補給の面でも圧倒的に有利でした。

４つめの「④彼らの疲弊と内訌を待ち、熟柿の落ちるを待って直接支配に切り替える慎重策」は①と関連して非常に重要な政策です。私の経験上の話で誠に恐縮ですが、信長の行動パターンは伸び盛りの中小企業の創業社長の行動パターンに酷似しています。所領を安堵し、まずは仕事をやらせてみて、徐々に目標のハードルを上げて振り落とす。伸びている新興企業は社内もそれなりに競争的ですし、仕事の成功失敗は即自分のポジション、報酬に跳ね返ってきます。社員には大きな権限が与えられますが失敗するとポジション、報酬を失います。

もちろん、実力があればどのような状況でも再び這い上がって出世することは可能です。尾張統一戦争の際に信長を裏切った柴田勝家も、再び信長に下って大出世しました。これは武将個人に限らず、チームに対しても同じです。内訌（内紛）を生じて足を引っ張り合う連中は容赦なく切り捨てられました。

義継は後に信長に放逐された義昭を庇《かば》ったために滅ぼされ、久秀は自ら信長に謀叛《むほん》を起こしたために討たれています。チャンスは与えても、結果がイマイチなら叩く。ロジックはシンプルで一貫しています。ただし、信長には意外と情に厚い部分もあります。古参の家臣である佐久間信盛は能力的にイマイチでしたが、石山本願寺包囲戦が終わるまでリストラできませんでした。また、信長を2度裏切った松永久秀にも、総攻撃をかける前に講和のチャンスを与えています。それは信長の甘さだと指摘する

図 22　楽市楽座令

年代		発令者	施工者
天文 18 年	1549	六角氏	近江石寺
永禄９年	1566	今川氏真	駿河富士大宮
永禄 10 年	1567	織田信長	美濃加納
永禄 11 年	1568	織田信長	美濃加納
永禄 12 年	1569	徳川家康	三河小山新市
元亀２年	1571	松永久秀	大和多聞市
元亀３年	1572	織田信長	近江金森
天正２年	1574	佐久間信盛	近江金森
天正４年	1576	柴田勝家	越前北庄
天正５年	1577	織田信長	近江安土山下町
天正６年	1578	北条氏	武蔵世田谷新宿
天正 10 年	1582	蒲生氏郷	近江日野

出典：『信長・秀吉と家臣たち』谷口克広

人もいます。しかし、私は別の見方をしています。

信長は現代の中小企業の創業社長と同じく、「情」と「結果」という２つの相矛盾する要素を抱え込んで苦悩していたのではないでしょうか。情の面では家臣には活躍してほしいと願いつつも、能力不足や忠誠心の欠如でそれに応えられないとき、リーダーは決断しなければなりません。特に、盛信や久秀のように十分なチャンスを与えたにもかかわらず、それでもダメなときはなおさらです。情と結果の間でシビアな評価を下すことは、創業期のリーダーにとって今も昔も避けて通れないものなのです。

官庁や大企業にお勤めの方にはわから

ないかもしれませんが、中小企業においては、偏差値の高い大学を卒業しているからとか、前職の社歴が立派だからといったことはまったく関係ありません。実力を証明し続けない人間にはそれなりのポジションしか与えられませんし、売り上げを稼げない人に払う給料はないのです。

とはいえ、創業期の企業は何かと人手不足です。大企業と違って良い人材は集まりませんので、リストラしたくてもできません。今いる能力不足の人材で何とかするしかないのです。だからこそ、信長は能力不足の家臣も即座にリストラすることはありませんでした。しかし、事業が軌道に乗ってある程度人材に余裕が出てくれば状況が変わります。石山本願寺包囲戦の終結後、信長は信盛のような能力不足の武将をリストラするようになったのはそのためです。大変シビアな話ですが、これは時代に関係なく、伸びる組織が持つ掟です。信長は伸び盛りの中小企業経営者として当たり前のことをやっただけです。私にはそう思えてなりません。

そして、最後の「⑤これは長慶の施策の長短を学んだもので、以降の推移は彼の見通しの正しさを証明した」という点は、カッコよく言えば信長の情報力と学習能力を示すものであり、有《あ》り体《てい》に言うと「パクリの天才」だったということです。成功しているやり方は徹底的に真似して、オリジナル以上の精度で再現し、逆に失敗しているやり方は絶対に採用しない、これこそが成功への近道です。

楽市楽座は歴史教科書などではさも信長のオリジナルであるかのように書かれていますが、すでに見てきたように本願寺の寺内町とほとんど同じ政策であり、当時それほど画期的だったかどうかはかなり疑わしいものです。

しかも、信長よりも前に近江石寺で六角氏が、駿河富士大宮で今川氏が楽市楽座を開いています。むしろ、寺内町の繁昌やこれら2つの先行事例の成功を知って信長が積極的にパクったと考えて然るべきだと私は思います。

信長は成功事例だけでなく、長慶のような失敗事例によく学んでいます。長慶の「甘噛み」を踏襲しないように、室町幕府を滅ぼすときは一気に滅ぼしたことなどがその証拠です（もちろん、これまで見たように室町幕府の権威は今私たちが考えている以上に強かったですから、とても慎重なやり方で対処しています）。

現代においても、伸びざかりの会社には総じて学習能力の高い社長がいます。これは時代に関係なく、「伸びる組織」の鉄則なのかもしれません。

むしろ、長慶のようにボヤボヤしている社長がトップにいると、どんな大企業でも倒産の可能性が高いと思われます。かつて、そういう大企業に勤めていた私が言うんですから間違いありません（笑）。

信長の「行動原理」

今谷氏の言及から抽出したこれらの「政策のフレームワーク」を見て、私はそこから信長の頭の中にある「行動理念」のようなものを想像してみました。これは私の実業家としての経験と、これまで多くの経営者と関わった様々な体験から一方的に想像したものです。私はそう考えたほうが信長という人物を理解するうえでわかりやすかったので、読者の皆様にも共有していただく意味で公開したいと思います。

〔信長の行動理念〕

Ａ　役に立つものは積極的に活用
Ｂ　役に立たないものは捨てる
Ｃ　敵対するものは完全殲滅

「なんだ、そんなの当たり前じゃないか！」と思った人には申し訳ありません。でも、こういう当たり前のことをやり続けることはとても難しいものです。

もちろん、実務上の問題としてその時点では役に立つかどうかわからないのに、判断を迫られる場合があります。そういうとき、信長は即決せずに実証的、且つ、慎重なアプローチをとります。例えば、敵対する勢力から裏切ってきた武将などは、まずチャンスを与え、しっかり結果を出せば重用し、そうでないときは切り捨てました。

もちろん、信長のハードルはとても高いのでそれを超えてくる人のほうが少なかったのも現実です。「飴とムチ」どころか、「ムチとムチ」みたいなところがあったのは否めません。特に、石山本願寺包囲戦が終わった後で、この傾向は強まったように思えます。佐久間信盛の追放に代表される武将の大リストラがまさにその象徴的な出来事でした。

また、敵対する相手を完全殲滅しようと思っても自分の力不足で即座に実行できない場合も多々あります。こういうときに信長は和睦して時間を稼いだうえで、後から敵を分裂させたり、援軍を呼んだりして必ず殲滅しています。

例えば、比叡山に立て籠って戦った浅井・朝倉連合軍と和睦した後、比叡山は焼き討ち、浅井・朝倉は文字通り完全殲滅されています。また、甲斐の武田氏とも当初は友好関係でしたが、上洛後は敵対し、最後は調略して分裂させたうえで滅ぼしています。この辺りは他の戦国武将も似たようなものかもしれませんが、信長のそれはさらに徹底していたということになるでしょう。

よって、上記の行動理念にさらに付け加えるとしたら次の3つの項目になります。

D　役に立つか立たないか判断できない場合はチャンスを与えて結果で判断する

E　敵対する相手をその時点で滅ぼせない場合は次のチャンスまで待つ

F　過去の成功事例は徹底的にパクると同時に過去の失敗事例に学んで同じ過ちを繰り返さない

これらをもう一度まとめて、頭から読み直してみましょう。「プレジデント」や「日経ビジネス」の特集記事に出てきそうな話になってきたのは気のせいでしょうか。やはり信長は、現代で言うところの伸び盛りの中小企業経営者だったように思えてきます。

A　役に立つものは積極的に活用

B　役に立たないものは捨てる

C　敵対するものは完全殲滅
D　役に立つか立たないか判断できない場合はチャンスを与えて結果で判断する
E　敵対する相手をその時点で滅ぼせない場合は次のチャンスまで待つ
F　過去の成功事例は徹底的にパクると同時に過去の失敗事例に学んで同じ過ちを繰り返さない

「リスク」と「リターン」を計算して行動していた信長

では、これらの行動理念を踏まえて、巷《ちまた》の信長礼賛本ほど華々しいものではなかった本章冒頭の８項目について、再度評価を加えてみたいと思います。

①　検地をおこなって所有関係を整理した
↓不十分、不徹底
評価：方向性としては荘園廃止、全国課税に向かっていた。しかし、まだ抵抗勢力が十分に弱まっていなかったのでできる範囲でやった。詳細は後述。
(行動理念E)

②武士を城下町に集めて兵農分離を推進した
↓かなり進めたがそれでも不徹底
評価：方向性としては、兵農分離、常備軍創設に向かっていたが、当時の武士のスタンダードである本領安堵という固定観念に勝てなかった。そのため、家臣たちには尾張の本領を安堵しつつ、安土の城下町に住まわせるという中途半端な結果になってしまった。（行動理念E）

③座の特権を排して、楽市楽座を推進した
↓むしろ現状維持、座は廃止せず利用した
評価：寺内町など既存の自由市場を潰しても地域の経済が停滞するだけでメリットはない。だから破壊せずにそのまま活用した。（行動理念A）

④関所を廃止し、道路、橋などの交通網を整備した
↓これは事実、その功績は大きい
評価：邪魔するものは徹底的に殲滅した。特に、近江には比叡山延暦寺の関

所がたくさんあり、経済的に極めて非効率な存在だった。信長が焼き討ちという大きなリスクを取った理由の一端はそこにもある。（行動理念Ｂ）

⑤堺などの自治都市を掌握して統制下に置いた
↓現状維持を約束する代わりにむしろ利用した
評価：これらの都市は経済的に利用価値があることはもちろん、軍需物資の調達という面でも高い利用価値があった。そのため、現状維持して徹底的に利用した。（行動理念Ａ）

⑥撰銭令によって貨幣の流通の円滑化を進めた
↓中途半端で効果もイマイチ
評価：これだけはすべての行動理念に反して、完全に失敗。理由は後述。

⑦国内の不要な城を破壊して、国衆の軍事力を削減させた
↓これは事実
評価：過去の事例から城を残しておけば謀叛《むほん》人や一揆勢力が容易に籠城して

対応に莫大なコストを擁することがわかっていた。そのため、謀叛に利用できるインフラは徹底的に破壊した。（行動理念F）

⑧一向一揆を壊滅させたことをはじめとしてあらゆる宗教勢力を統制下に置いた

→言うことを聞かないときに攻撃しただけで別に統制してない

評価：相手を見極めていたにすぎない。そのあとで生かすか殺すかは決まっていく。詳細は後述。（行動理念BおよびC）

信長の優れていたことは、リスクとリターンを計算して行動したという点です。逆にリスクを避けて絶対に賭けをしなかった武田信玄は、結局寿命が尽きる前に上洛することはできませんでした。反対に、男色とヘンテコな修験道に凝って結果的に後継問題のリスクを取り過ぎた細川政元は悲惨な最期を遂げました。

もちろん、信長も最後は油断して明智光秀に裏切られてしまいますが、少なくとも本能寺の変の3年前ぐらいまでは先ほど示した行動理念に基づいて手堅い経営をしていたと評価することができると思います。

＊

１５６８年に三好三人衆を京都から追放し室町幕府を復活させた信長は、それから１５８０年の石山本願寺包囲戦が終わるまでの12年間は戦いの連続でした。信長包囲網は３度にわたって形成されましたが、朝倉義景の判断ミス、武田信玄の死、朝廷の助力などに助けられ信長がすべてこれを突破しています。

そして、ピンチの後にはチャンスが訪れます。３回仕掛けられた包囲網を突破した信長にはいつのまにか５正面（関東、北陸、畿内、中国、四国）同時作戦を展開するだけの兵力と財力が具わっていました。１５７８年の中国侵攻、１５８１年の甲州征伐はまさにウイニングランです。

しかし、四国への侵攻を準備していた１５８２年、ご存知の通り家臣である明智光秀の突然の裏切りによって京都本能寺で襲撃され、自害して果てました。享年49でした。

信長の軍事作戦については数多の書籍がすでに刊行されているので本書ではこれ以上詳細には触れません。ここからは主に経済に関連した、寺社勢力との戦い、金融政策、土地政策の変化についてみていくことで、織田信長を読み解いていきたいと思います。

第8章　信長の活躍が日本を救った!

寺社勢力の〝強さ〟と〝怖さ〟を知り尽くしていた信長

織田信長は他のどの戦国武将よりも寺社勢力の強さと怖さを知り尽くしていたと思われます。なぜなら、信長自身のスポンサーが「津島神社」と「熱田神宮」だったからです。

津島と熱田といえば、信長の時代、尾張の代表的な港町で門前町である。そして、両方とも、その豊かな経済力によって織田弾正忠家を支えた都市なのである。

津島は、今でこそ内陸の都市となっているが、戦国時代は伊勢湾の間近に位置し、港町として栄えていた。それに加えて、広域にわたって信者のいる牛頭天王社を抱えた門前町でもあった。そこの住人たち津島衆は、本来土豪なのだが、強固な共同体のもとに商業にもたずさわり、豊かな経済力を築き上げていた。

信長の祖父信定は、津島の近くに勝幡城を築く。そして、大永年間（一五二一〜二八年）のうちにその経済力ごと津島を掌握してしまった。以後、津島衆は、織田弾正忠家の家臣に組み込まれ、信長の代になっても馬廻の一翼を担って活躍する。

熱田も、伊勢湾の海上交通の拠点とされる港町である。しかも、熱田神宮を擁する門前町である。ここでは、加藤家という大商人が勢力を伸ばしていた。天文初年頃（一五三〇年代）には、本家から西加藤家がわかれ、二家で熱田の交易面を独占していた。信長の父信秀は熱田を勢力下に収めると、両加藤家と強く結びついた。信長は家督を継ぐとすぐに加藤家の保護に努めている。徳政免除、国役免除、領知安堵のほか、様々な特権を保証している。

（出典：『信長の政略～信長は中世をどこまで破壊したか～』　谷口克広／学研パブリッシング）

信長は必ずしも寺社勢力と敵対ばかりしていたわけではありません。１５７３年に信長は朝倉氏を滅ぼして越前を手に入れました。そのときも越前丹生郡にある織田剣神社を保護して特別の待遇を与えました。同年９月に越前二郡内の寺社領没収を命じましたが、織田剣神社は例外としています。また、１５８２年には伊勢神宮の式年遷宮の費用として３０００貫文もの大金を寄付しています。

では、信長が滅ぼした寺社勢力とは何だったのか。前掲書に信長に滅ぼされた寺社の一覧がありましたので抜粋してみました。わかりやすくするために宗派も書き加えておきます。

1571年9月　比叡山延暦寺焼き討ち（天台宗）
1573年4月　近江百済寺焼き討ち（天台宗）
1573年9月　長島一向一揆を完全殲滅（浄土真宗本願寺派）
1575年8月　越前の一向一揆を完全殲滅（浄土真宗本願寺派）
1579年5月　安土宗論、この後日蓮宗を弾圧（日蓮宗）
1581年5月　和泉槇尾寺を焼き討ち（真言宗）
1581年8月　高野聖数百名を誅殺（真言宗）
1582年4月　甲斐恵林寺を焼き討ち（臨済宗）
（出典：前掲書）※筆者による抜粋・要約

西欧において教会の破壊や信徒の虐殺が行われる場合、加害者は敵対する宗派です。プロテスタントが加害者ならカトリックが被害者、その反対もアリ、というのが宗教弾圧における西欧的な枠組みと言っていいでしょう。よって、王様がカトリックなら当然プロテスタントが弾圧の危機にさらされるということになります。

ところが、信長が破壊と虐殺の限りを尽くした寺社勢力は特定の宗派に限定されていません。むしろ、各宗派ひと通り弾圧されています。なぜこうなるのでしょうか。

信長は本当に宗教を弾圧したのか

信長の宗教弾圧は政治的、軍事的な理由に基づくものでした。弾圧を受ける理由は前章の「行動理念C」（敵対するものは完全殲滅）に該当し、具体的には「信長に敵対した」もしくは「信長に敵対する勢力を応援した」のがその理由になります。

比叡山は近江の利権をめぐる対立、本願寺は信長包囲網に加担し物理的に戦争をした相手ですし、高野山は謀叛を起こした荒木村重《あらきむらしげ》の残党を匿《かくま》い、甲斐恵林寺は信長と敵対する六角次郎を隠匿しています。また、和泉槙尾寺は寺社領を差し出すように言われて無視したので焼かれてしまいました。

信長本人は臨済宗とは最も良好な関係だったようです。もし、これが西欧式の宗教弾圧なら、信長と昵懇《じっこん》の臨済宗以外の寺院はすべて弾圧するというやり方になるはずですが、そうはなりませんでした。日本では戦国時代でも信教の自由が当たり前のように認められていたのです。よって、信長の宗教弾圧はあくまでも自分に軍事的、政治的に敵対する勢力だけに向けられたものでした。

ただ、比叡山や本願寺のような明白な「敵国」や利敵行為を働いた高野山と恵林寺、命令違反の槇尾寺のケースはいいとしても、1579年の日蓮宗の弾圧についてはさしたる理由が見当たりません。これだけは本当の宗教弾圧ではないでしょうか。

この点について、谷口氏は前掲書で「安土宗論における日蓮宗の弾圧に関しては、『敵対者→弾圧』という図式から外れる。安土宗論まで、決して日蓮宗は信長と対立していなかったからである」と指摘しています。

そもそも日蓮宗弾圧の発端となった「安土宗論」という事件は、1579年5月に安土城下で説法をしていた浄土宗の霊誉《れいよ》玉念《ぎょくねん》に対し、法華宗の信者二人が論争を挑んできたことに始まります。どこかで見たような展開ですね。かつて比叡山に法華一揆が弾圧されるきっかけになった松本問答とソックリだと気付いた人は鋭いです。

霊誉は素人の二人に回答したところで意味が通じないので、プロの坊主を連れてきたら回答すると答えました。そこで話が大きくなり、浄土宗から4名と日蓮宗から5名の僧侶が出てきて9人変則タッグマッチが行われることになったのです。噂を聞きつけた信長は臨済宗の鉄叟景秀《てつそうけいしゅう》という博識な僧侶をレフリーとして派遣しました。

議論の詳細は省きますが、最後に「妙」の一字の意味を日蓮宗側が答えられず沈黙したため、群衆に嘲笑されたうえに袈裟《けさ》を剝ぎ取られてしまいました。結果を聞いた信長は当事者を呼び出して、次のように言ったと『信長公記』に書かれています。

さ候へども、法花衆は、口の過ぎたる者に候。後日、宗論負け申したるとは、定めて申すまじく候。宗門をかへ、浄土宗の弟子になり候か、然らずんば、今度、宗論負け申す上は、今より以降、他宗を誹謗仕るまじきの旨、墨付を出だし候へと、上意のところに、即ち、御請け申す。

訳：「しかしながら法華宗は口が達者だ。後日、宗論に負けたとは多分言うまい。宗門を変更して浄土宗の弟子になるか、さもなくば、このたび宗論に負けた以上は今後は他宗を誹謗しない、との誓約書を出すがよい」法華宗（日蓮宗……筆者注）の僧たちは、否応なく承知して（誓約書を出した……筆者注）

（出典：『現代語訳　信長公記』太田牛一／ＫＡＤＯＫＡＷＡ）

日蓮宗側に誓約書を提出させた後、信長は今回の宗論において最も過激だった妙国寺普伝という日蓮宗の僧侶を死罪にしました。そして、宗論の顚末《てんまつ》は徹底的に宣伝、周知して日蓮宗が言い訳できないようにしました。もはや他宗批判はできません。信徒獲得の最強ツールを失って日蓮宗の動きは封じられました。またもや公開討論が仇となってしまったのです。

私はこれら一連の信長による日蓮宗弾圧は「行動理念F」に沿った行為だったのではないかと考えています。

F　過去の成功事例は徹底的にパクると同時に過去の失敗事例に学んで同じ過ちを繰り返さない

信長は過去の失敗事例に学んでいるため、法華一揆の頃の日蓮宗の暴走ぶりについても当然知っていたはずです。一向一揆との対決とその後の京都警固において、短い期間ではありますが宗教原理主義的な傾向があったことは確かです。

例えば、一向一揆のスパイ摘発のために近隣の村を焼いたり、無実の本願寺の僧侶を私刑で殺したり、かなり無茶苦茶なことをやっていました。そのやり方は日本では珍しい西欧風の宗教原理主義的行為であり、信長はその危険性を十分承知していたのでしょう。

細川晴元から徹底的に弾圧され京都から追放された日蓮宗は、その後許されて再び京都に舞い戻っていました。すでに信長の頃には町衆に広く浸透し、特に富裕層への浸透は相当なレベルに達していました。日蓮宗の寄付金は莫大な金額に上っていたそうです。信長が過去のケーススタディを引き合いに出し、問題が顕在化する前に叩き潰しておこうと考えても不思議ではありません。安土宗論は八百長なのかどうかはわかりませんが、信長にとってタイミングよく発生したイベントだったことは間違いないでしょう。

ちなみにこの点について、信長が比叡山や本願寺についても同様の危機意識を持ったとしても不思議ではありません。一向一揆と法華一揆の激突、その後比叡山による法華一揆殲滅の歴史は、一歩間違えば宗派内の過激派が暴走して多数の信徒がそれに同調するという危険性をはらんでいました。

特に、本願寺と日蓮宗の大衆化はこれまでの寺社勢力とは異質であり、再びこれらが激突すれば西欧的な意味での宗教戦争が勃発する恐れもあったと思われます。信長がそこまで考えていたかどうかはわかりませんが、将来的なリスクに敏感な信長なら何となくその危険性がわかっていたのでしょう。もちろん、それは政治的、軍事的なリスクと合算した結果だったのかもしれませんが。

浅井・朝倉に味方した比叡山は近江という交通の要衝を押さえ、信長にとって生命線である京都と岐阜を結ぶシーレーンを脅かす脅威でした。さらに、過去の事例から考えても比叡山は歴史的に強訴を繰り返す圧力団体であり、全国制覇を目指す信長にとってはいずれに滅ぼさねばならない相手でした。

同じく本願寺は三好三人衆、浅井・朝倉連合軍、武田信玄や上杉謙信とも内通し、信長包囲網の黒幕と疑われても仕方ない動きをしていました。さらに、本願寺は寺内町によって地域経済のハブを抑えており、これをコントロール下に置きたい信長とは必然的に対立せざるを得なかったのです。

また、本願寺は日蓮宗と宗教戦争を戦った片方の当事者であり、過激派の意見に引きずられて法主がコントロールできないぐらい暴走するリスクもありました。血みどろの宗教戦争が再び起きないように、叩けるときに叩いてコントロールすることが天下統一に向けて避けられない道だったのです。

しかし、これだけイチャモンを付けて弾圧した日蓮宗ですが、信長との関係は一貫して良好だったことは指摘しなければなりません。信長が最期を遂げた本能寺は日蓮宗の寺ですし、旅先では日蓮宗の寺を選んで滞在することも多かったようです。西欧的な意味での宗教原理主義に警戒はしつつも、現実問題としてコントロールできていれば良しとする。まさに信長は「行動理念A」（役に立つものは積極的に活用）を実践していたと思われます。

「倭寇」は当時のグローバルスタンダード

信長がこの世に誕生する8年前（１５２６年）、石見銀山《いわみぎんざん》が博多商人の神屋寿禎《かみやじゅてい》によって発見されました。まさかこの発見がその後の日本経済を大きく揺るがすとは、この時点で一人も気づく者はいませんでした。

第１章で解説した通り、西暦１４００年を挟んで明朝が「大民宝鈔」という紙幣の吸収オペレーションを実施したために明は貨幣不足となり、経済はデフレ傾向を強めました。ところが、貨幣不足に苦しむ明の庶民たちは、大民宝鈔の不足を銀で補うようになります。その結果、明においてはついに銀が貨幣として流通を始め、銀に対する需要が高まりました。

日本と支那との貿易は基本的に明の朝貢体制に組み込まれていました。「互市」という自由市場もありましたが、あくまでも朝貢がメインで、互市がサブです。ところが明のデフレ政策による財政難で朝貢回数が制限されるようになると、公式の朝貢体制の枠にはまらない密貿易が横行します。密貿易といっても、海賊行為と見分けがつかないギリギリのものが多く、明朝はこれを「倭寇」として取り締まりました。歴史教科書では友好的な日明貿易がある日突然倭寇によってぶち壊しになるかのような書き方になっていますが、倭寇が登場する原因が日明貿易のあり方そのものにあったわけです。逆に、明が貿易を自由化して、朝貢よりも互市をメインにしていれば倭寇が発生する余地はなかったと言えるでしょう。

しかし、朝貢は低調で密貿易が盛んとなれば当然倭寇のつけ入る隙（＝ビジネスチャンス）が出てきます。倭寇は「海賊」と言われますが、実際には商人と海賊の両方の側面を持っていました。取引に満足すれば商人、不満なら海賊に変身するだけの話です。後年のイギリスの商船もこれと似たようなものでしたから、このスタイルは当時の海商のグローバルスタンダードだったと言っていいでしょう。

信長の金融政策

さて、この時期日本側にも大きな変化がありました。１４６７年の応仁の乱によって室町幕府の力が衰えると、日明貿易の主導権は五山から細川氏や大内氏といった西日本に拠点を持つ勢力に移りました。大内氏とは足利義材を匿って将軍に復帰させたあの守護大名です。

石見銀山が発見される３年前（１５２３年）、細川氏と大内氏の朝貢使節が支那の寧波で軍事衝突するという事件（「寧波の乱」）が起こりました。この事件で、明との貿易利権はその後大内氏が独占することになりましたが、その繁栄も長くは続きませんでした。大内氏は１５４９年に最後の朝貢使節を送った後、信長が尾張を統一する直前に毛利《もうり》元就《もとなり》の下克上で滅亡してしまったのです。当然、朝貢貿易を担った大内氏の衰亡に反比例して、倭寇による密貿易とも海賊行為ともつかない商業活動が活発化したことは言うまでもありません。そして、倭寇台頭の背景には日本の銀があったのです。

石見銀山が発見されてから７年後の１５３３年、寿禎は朝鮮から技術者を連れてきて灰吹法という新しい精錬技術を導入しました。その結果、銀の生産量が爆発的に伸びました。これは何を意味するでしょうか。明朝を現代のアメリカに喩えると、寿禎は巨額の埋蔵ドルを掘り当てたのと同じことを成し遂げたのです。なぜなら、明朝においても銀の貨幣としての需要はきわめて高く、すでに銀銭が流通し始めていたからです。

当時の日本においては銅銭が主流で銀はまだ貨幣としてはマイナーな存在でした。

当然、日本では銀に対する需要もあまりありません。これを明に持ち込んで、現地では流通停止になっている銅銭を輸入すれば巨額の利益が上がります。もちろん、交換するのは銅銭以外の陶磁器、絹、綿花、麻などの物品であってもかまいません。期せずして巨大なビジネスチャンスが到来してしまったのです。

これを当時の海商たちが放っておくわけがありません。公式ルートの大内氏の動向など無視して、勝手に銀を持ち込んで交易を始めるのはむしろ当たり前のことです。ましてて、室町幕府の力が衰えて倭寇の取り締まりもユルユルです。海商たちはまさに目の前にあるお金を取りに行くノリで密貿易に励みました。石見銀山が発見されるまでは支那に行っても物資を買い付ける購買力がありませんでしたが、いまや湯水のように銀を持っているのでなんでも買えます。当時の明は倭寇による爆買いで多くの物資が日本に輸出されていきました。

ところが、残念なことに支那の銅銭だけは買い付けようにも、もう発行停止になって相当な期間が経っていました。そもそも、二百年前の宋の時代に銅山を掘りつくしてしまったので、明朝自体も銅銭不足に陥っていたぐらいです。在庫すら微妙です。

そこで、海商たちは仕方なく浙江や福建など鋳造された「私鋳銭」（偽札ならぬ偽銅銭）を買って、大量に日本に持ち込みました。その結果、信長が尾張を統一する頃

「びた銭」とは？

「びた銭」（後に「鐚銭」）は、質の悪い銭を指すとされてきました。

しかし、近年の研究により、中世末～近世初期の資料に出てくる「びた銭」が指すものは、時期や地域により異なり、必ずしも質の悪い銭貨を指すわけではないことがわかってきました。同じ地域で「びた」と出てくるときに、当初は価値の低い銭だったものが、銭の稀少化により価値が上昇し、主要銭貨となっている事例が広範囲でみられます。

中世に流通した質の悪い銭貨

出典：日本銀行金融研究所貨幣博物館 企画展図録

（１５６０年）には大量の私鋳銭が日本に出回ってしまったのです。

私鋳銭が出回ると何が問題なのか。私鋳銭は宋銭や明銭に比べて銅の含有量が低く、錆びたり割れたりして品質に著しい問題がありました。品質の悪い銅銭は「鐚銭《びたせん》」と呼ばれます。「びた一文払えません！」の「びた」とは鐚銭を指したものです。

それまでの日本の貨幣のルールにおいては、どんな種類の銅銭でも１枚１文という名目レートが採用されていました。

ところが、欠けたり、割れたりしている銭貨を１枚１文として取り扱うのはどうしても心理的な抵抗があります。人々は勝手に割れている通貨の価値は半分とか、3分の1とかに設定し、それを実勢レートとして取引をしていました。
実際の経済上の取引において鐚銭の価値が銅銭より安くなっているのに、幕府が名目レートにこだわり続けることはできません。なぜなら、納税の際に鐚銭で払えば実際には税金を半減したりできることになってしまうからです。結局幕府はどこかのタイミングで実勢レートを公認せざるを得なくなります。
鐚銭の実勢レートを幕府や大名が追加で公認することを「撰銭令」と言います。撰銭令は室町時代に盛んに出されますが、信長も上洛後に盛んに撰銭令を出しました。

〔1569年〕
3月1日　「定精銭条々」、天王寺境内宛て（『四天王寺文書』）。
3月16日　「精銭追加条々」、上京宛て（『京都上京文書』）。
3月23日　奈良中へ（『多聞院日記』）。

〔1570年〕
3月16日　熱田宛て、「精銭追加条々」、（下村信博一九九五論文）。
（出典：『信長の政略～信長は中世をどこまで破壊したか～』　谷口克広／学研パブリッ

シング）

信長の撰銭令には悪銭（鐚銭）での売買禁止、良銭と悪銭の公認交換レートの設定、米による売買禁止、高額取引における金銀の使用許可などが書かれていました。では果たして、これら信長の金融政策の効果やいかに？　その衝撃の結論について、前掲書より該当部分を抜粋します。

中世貨幣経済史専門の浦長瀬隆氏によれば、信長の撰銭禁令は他のものに比べ、用いてよいものとする銭の範囲が広く、より精緻で現実に即したものと言える。

〈中略〉

京都において、元亀二年（一五七一）頃から銭による取引が米による取引へと変化してゆく現象がみられるという。つまり、信長の撰銭禁令は逆効果になっているのである。これは信長の撰銭禁令だけのことではなく、興福寺撰銭禁令（永禄八年＝１５６５）における奈良、浅井氏撰銭禁令（永禄九年＝１５６６年）における近江でも同じで、撰銭禁令が出た後、一〜二年後に共通して現れる現象なのだという。

しかし、いずれにしても、信長の苦労は報われずに終わったということはいえるであろう。脇田修氏などは、はっきり「成功しなかった」といいきっている。（脇田修一九八七年著書）。さすがの信長も、成熟にはほど遠かった貨幣経済を相手にして、対策のたてようがなかったということだろう。

（出典：前掲書）

なんと手厳しい！　信長の撰銭令は完全に失敗していたのです。なぜこんなことになってしまったのでしょうか。

まず「行動理念F」から考えると、信長が撰銭令についてあまりうまくいってないことを知らなかったわけではないと思われます。しかし、大変残念なことに戦国時代にはケインズも石橋湛山《いしばしたんざん》もまだ誕生していませんでした。信長は新しい政策を試そうにもアイデアがなかったのです。

しかも、貨幣に関する政策は実際に目の前で見えることから全体を想像するのがなかなか難しく、また経営と経済は似て非なるものでもあります。経営で得た知見は、経済の知見とは必ずしも一致しません。そういった問題はたくさんありました。信長としては過去に成功事例が存在しないとわかりつつも、それ以外にさしたるアイデアもなく、場当たり的に過去の政策を踏襲して撰銭令を出した可能性があります。

ただし、信長は独自通貨の発行も考えていたことは事実らしく、この点について断定はできません。ただ、いずれにしても過去に失敗した政策を自ら採用してしまったことは確かであり、結果が思わしくなかったこともまた当然と言えるでしょう。

「撰銭令」が失敗した理由

なぜ撰銭令は失敗するのか？　それは撰銭令がデフレ圧力を強める政策だからです。撰銭令とは具体的には「鐚銭の交換価値を名目レートの一文以下に下げる命令」です。撰銭令はつまるところ、世の中に出回っている貨幣の量を減らすのと同義です。

わかりやすい例で解説しましょう。仮に、当時の日本に銅銭１００万枚、鐚銭１００万枚が出回っていたとします。名目レートを維持すればこれらの銭貨の貨幣量は合計で２００万文になります。

銅銭１００万枚＝１００万文
鐚銭１００万枚＝１００万文
貨幣量合計………２００万文

ところが、撰銭令によって鐚銭の交換価値が銅銭の0・5しかないと決められてしまったらどうなるでしょう。以下のような計算式により、貨幣量の合計が150万文に減少してしまいます。

銅銭100万枚＝100万文
鐚銭100万枚＝50万文
貨幣量合計………150万文

これは貨幣量全体の25％が縮小したのと同じことです。貨幣量の縮小はデフレを招き景気に悪影響を与えます。また、貨幣不足は物々交換も誘発します。浦長瀬氏が指摘した米による取引量の増加はまさにそれを象徴する事象でした。
では、信長はどうすればよかったのでしょうか。答えは簡単です。この当時増加していた銀の生産量を生かして独自貨幣を発行すればよかったのです。例えば次のような交換レートを定め、銀貨を導入していれば、鐚銭を駆逐しつつデフレを回避することが可能でした。

銀銭１００万枚＝１０００万文　※銀銭１枚＝銅銭10枚と仮定
銅銭１００万枚＝１００万文
鐚銭１００万枚＝50万文
貨幣価値合計……１１５０万文

銀銭１枚で銅銭10枚という交換レートを定めておけば貨幣量を６倍近くに増やしつつ、鐚銭の価値を低下させて駆除することは可能でした。投入する銀銭の量を、物価統計を見ながら調節すれば完璧です。そして、鐚銭については経済が混乱しないように何度か切り下げを行って最後は取引停止にすればよかったわけです。

しかし、言うは易し、行うは難《かた》しです。当時は貨幣量に関する統計はおろか、物価統計すらまともに整備されていませんでした。そのため、金融調節をすると言っても実際には手探りで何をしたらいいのかわからない状況だったことは想像できます。そもそも、金融政策という概念すら存在しなかったからです。

結局、大きなリスクを避けるために、信長はこれまでの政策を踏襲することを選んだのではないでしょうか。ちなみに、信長上洛から本能寺の変の３年後までの米価は

図23　米1石の銅銭換算価格

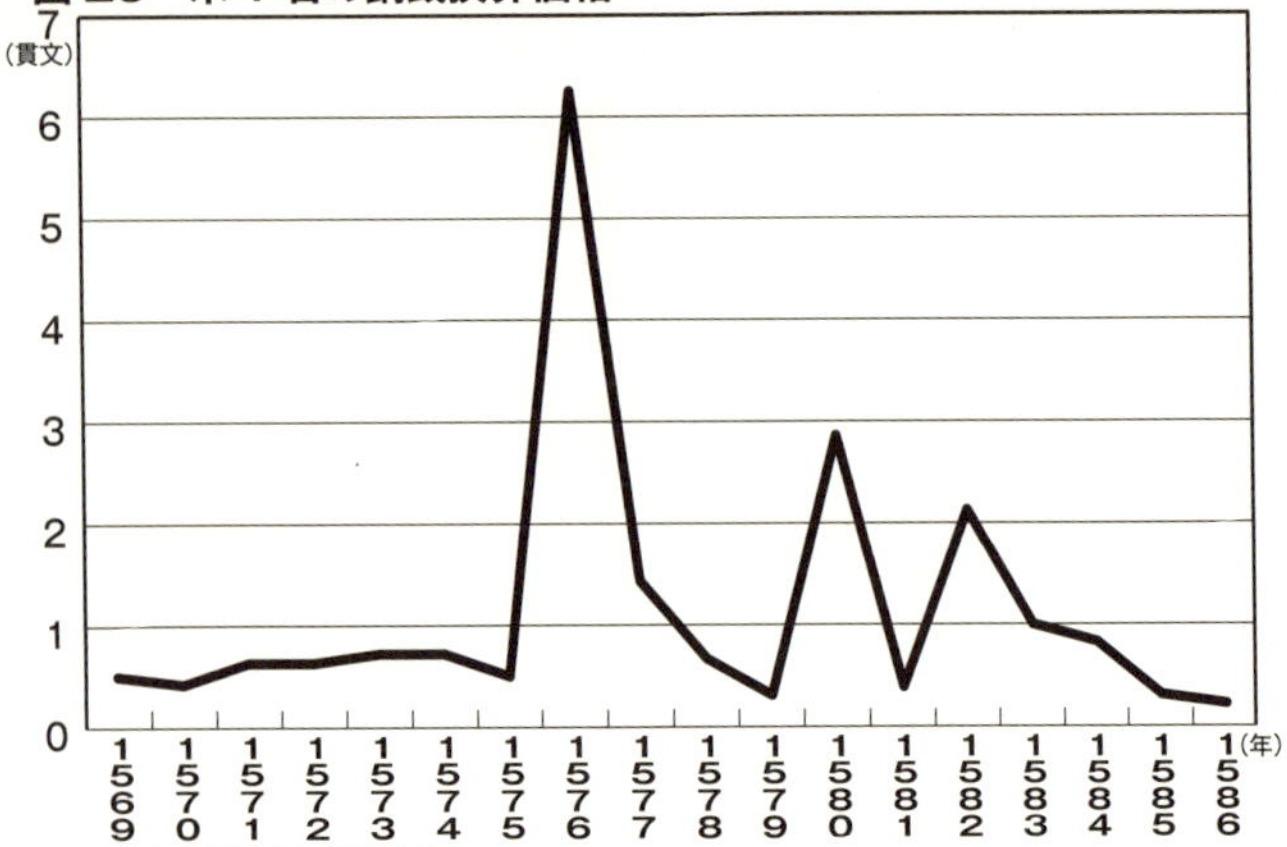

出典：『日本米価変動史』中沢弁次郎

上図のように推移しております（図23）。

全体的な傾向としてそれほど米価は上がっていません。ときどき米価が高くなるのは天候不順による不作によるものです。信長が台頭する16世紀中盤以降、気候は再び寒冷化しているので、飢饉はたびたび発生しました。そういった特殊事情でもない限り、米価は上がっていませんので、基本的に室町時代のデフレ基調は戦国時代まで続いていたと考えて問題ないでしょう。信長の撰銭令は１５６９年ですが、データを見る限り米価にはさしたる影響はなかったようです。

ただ、『日本米価変動史』によれば１４８１年に「貨幣価標準」として次のような記述があります。

金銀を何枚と秤することと早くより始まりしが、此の頃その定位が決定し、大判重さ四十四匁のもの一枚を十両、小判四匁四分のもの一枚を一両とせり、尚ほ金貨は銀貨に十倍し、又金一両に付き永楽銭は一貫文、鐚銭は四貫文、金五匁は七貫百五十文乃至七貫二百文位なりし由。（「大日本貨幣史」「米価の変遷」）

信長は金銀銅の貨幣の交換レートの統一までは手を付けていたようです。しかし、せっかく定めた交換レートを利用して貨幣量を増大させることが景気の拡大に繋がるというところまでは気づいていませんでした。

信長は上洛直後から但馬の生野《いくの》銀山に目を付けていて、１５６９年には秀吉と坂井正尚の軍勢を送って一時占領しています。おそらく何らかの利権の配分をして撤退したようですが詳しいことはわかっていません。１５８０年以降は秀吉の中国征伐により生野銀山は完全に信長の支配下に入りました。この銀山は後年、徳川幕府の財政を支えるほどの埋蔵量を誇る銀山だったのですが信長は結局それを活用することはできなかったようです。

また、肝心の石見銀山の利権は毛利氏に奪われており、秀吉が毛利氏を下すのは本能寺の変の翌年でした。信長はタッチの差でこれにも間に合いませんでした。

その後、日本の金銀は、支那はおろか、世界の市場を席巻しました。それは日本からのマネタリーベースの供給であり、1600年ごろの世界経済は銀貨による貨幣量の増加によって空前の好況を迎えていたのです。また、ちょうどこのとき、気候の寒冷化も一服しています。信長はそういう意味で時代にやや見放されたところがあったのかもしれません。

信長の土地政策

次に何かと既得権者とのぶつかりが多い「土地」を巡る政策について解説します。土地政策における最大の問題は寺社領なども含めた荘園の存在をどう扱うかということに帰結します。結論的に言うと、信長は荘園の既得権を認めていました。もちろん、比叡山延暦寺など敵対した寺社勢力からは荘園を取り上げましたが、基本的には既存の所領を安堵して穏便に済ませていました。

とはいえ、信長が豊臣秀吉に先駆けて検地を実施していたことも事実です。検地を実施するとそれまで「指出《さしだし》」という形で自己申告させていた荘園主は、もう年貢をごまかせなくなります。そのため、検地を徹底することは荘園の利権を無効化することであり、最終的には荘園制度の解体を導く政策ということになります。
また、農民に直接課税することで荘園主の中間搾取を防いだうえで中央政府の税収を増やすことも期待できました。

太閤検地のような徹底したものでないにしろ、信長もその領国を広げてゆく過程で検地を行った。信長の場合は、その領国全域を対象とした検地ではない。また、略式検地すなわち指出の形で済ますことが多い。現在、いろいろな資料にうかがわれる信長の検地の跡は、次の通りである。実際に竿を入れた検地と略式の指出に分けて国名を記すが、どれも必ずしも国全域にわたったものではないようである。
①　検地－伊勢・越前・摂津・播磨・丹後
②　指出－近江・山城・大和・和泉
（出典：『信長の政略～信長は中世をどこまで破壊したか～』　谷口克広／学研パブリッシング）

やはり信長の検地は秀吉の太閤検地に比べれば中途半端であり、荘園解体までの道のりはまだかなり遠かったように思えます。逆に、信長の遺志を継いだ秀吉がそのアイデアを徹底し、全国的な検地をやり遂げたと考えたほうがいいかもしれません。

信長は室町幕府の失敗に大いに学んだ形跡があります。そのため国家の仕組みもこれまでのような諸侯を分封建国させるようなやり方ではなく、中央集権的な体制を考えていたようです。

3度にわたる信長包囲網が形成されますが、その過程で信長の武将たちは戦略拠点を領地として与えられます。ところが、石山本願寺包囲戦が終わった1580年に佐久間信盛が粛清されて追放されると、方面ごとに大規模な5つ軍団が再編成されました。これまで近江、山城、大和などの近国に配置されていた武将たちは敵の正面であるこれらの軍団に異動させられます。

柴田勝家のようにずっと北陸に掛かりきりでそのまま方面軍の武将となる場合もあれば、秀吉や光秀のように攻撃した先を領地としてそのまま方面軍を統括するという場合もありました。

玉突きで宙に浮いた近国の領地は信長の側近である馬廻衆に支配させ、信長の直轄地としました。谷口氏の推測では、この「近国掌握構想」は西美濃、越前、北伊勢辺りまでを対象とし、石高は150万石、兵力は4万を想定していたのではないかとのことです。

ここからは私の憶測ですが、これはあくまでも中央集権化の第1段階だったのかもしれません。信長は最終的には全国を直轄地に変えるつもりだったのではないでしょうか。信長は宣教師のフロイスなどとの交流からヨーロッパ情勢にも通じていたと言います。日本のみならず外国の歴史に学び、日本の統治形態を変更するつもりだったのかもしれません。その目的は室町幕府が陥った強迫神経症的な戦乱の繰り返しを断つことです。

信長後に日本のヘゲモニーを実力で奪い取った秀吉はまさにこの方向を突き進み、検地や刀狩を実施して荘園の戦闘能力を大幅に削りました。また、信長が成し遂げなかった「近国掌握構想」をほぼ実現し、２００万石の領地を直接支配しています。

徳川家康もこの方向性で信長の夢を実現しておくべきでしたが、秀吉より先にこの構想を進めるシビアさはありませんでした。家康は大名たちと妥協し、「ナアナアの体制」を作り上げることを権力の基盤としたのでした。それは徳川幕府の力の源泉であると同時に最大の弱点でもありました。この点については拙書『経済で読み解く明治維新』に詳しく書きましたので、興味を持たれた方はお読みください。

意図せざる経済の変革

1568年から1582年まで信長は忙しく歴史を駆け抜けました。私から見るとそれは伸び盛りの中小企業の社長が次から次に降ってくる目の前の問題をただひたすら解決している姿と被って見えます。本能寺の変は、創業社長が問題解決に忙殺されていたらある日突然死んでしまったような感覚です。本人としては事業計画を達成するために死に物狂いで働いていただけかもしれませんが、その活動が経済のトレンドを意図せざる形で大きく動かすこともあるのです。

信長が徹底して行った関所の廃止は、日本の流通に革命をもたらしました。信長といえば軍事作戦の速さで定評がありますが、それを実現したのは道路網の整備です。これら安全保障上の必要性から生まれたインフラはやがて商業活動に大いに利用されるようになります。

また信長は本拠地を頻繁に移動することでも有名でした。生涯に6回（勝幡城→那古野城→清州城→小牧山城→岐阜城→安土城）も本拠地を移動しています。駿河、三河方面の敵と対する時は那古野、清州に移動し、美濃を攻略するときは小牧山、上洛後は岐阜、安土とまさに「職住近接」を意図したかのような移転を繰り返しています。その意図は、第一には補給で敵よりも優位に立つという軍事上のメリットでしょう。

しかし、これらの本拠地は小牧山城を除きいずれも交通の要衝にあるという点も見逃せません。寺内町などの成功事例を知っていた信長は、交通の要衝に居城を構え、大きな城下町を作ることで商業を盛んにしました。そうすることで戦争に必要な物資の調達も楽になり、おまけに領地が経済的に発展することになります。しかも、本拠地につながる道路などの交通インフラは軍事仕様でしっかりと整備されていました。優れたリーダーは一つの政策で一石二鳥、三鳥の効果を生むように仕組みます。信長の軍事と経済の政策は表裏一体だったのです。

ちなみに、唯一小牧山城だけは交通の便が悪かったらしく、巨大な城下町を作ったにもかかわらず4年で放棄されてしまいました。最初から美濃攻略のための仮住まいだった可能性もあります。それでも信長は城下町を作って、攻略が済むまでの間は多少でも金を稼ごうとしたのです。伸び盛りの中小企業の社長らしい隙の無さだと思います。

本願寺が考えた寺内町というビジネスモデルは一部では真似されていましたが、信長ほど意図して大々的にパクった人はいなかったのではないでしょうか。信長は城を移転するたびに城下町を作り、道路を整備して関所を廃止しました。

そして、信長は既存の寺内町や堺などの自治都市も取り込んですべてをネットワークしてしまいました。本願寺の寺内町が「点と線」だったとしたら、信長の城下町は「面」です。

もし経済のインフラを寺社勢力が独占したままにすれば、流通の主導権はいつまでも寺社が握り続けたでしょう。そうなればいくら関所を廃止したところで、得をするのは寺社勢力だけになります。唸るような資金を元手に年貢の免除や特権の付与など、比叡山方式の強訴が繰り返されれば、信長は三好長慶と同じ運命をたどっていたかもしれません。しかし、信長はそうはしませんでした。比叡山を焼き討ちし、石山本願寺包囲戦を戦ったことは、結果的に物流の主導権を寺社勢力から武家勢力に取り戻すことに繋がりました。

信長の新しい「面」のシステムによって、取引のトラフィックは増大していきます。もしここで信長がマクロ経済政策として貨幣量の増加（金融緩和）を行っていたら、江戸時代を待たずして日本は高度経済成長期を迎えていたことでしょう。惜しい!!

残念ながら、前述の通りそれはかないませんでした。それでも、信長のやり方を踏襲した秀吉がこのインフラを拡張し、家康以降は河村瑞賢がこのインフラをベースに更なる改善を行いました。パソナの南部靖之氏の分類によるなら、信長は創業者、秀吉と家康は経営者だったということになります。

そして、家康の時代には国産貨幣の鋳造が大々的に行われるようになります。信長の作った経済のインフラに大量の血液が送り込まれると、日本は爆発的な経済成長を達成しました。やはり信長の方向性は間違いではなかったのです。

そして、江戸時代の経済成長による蓄積こそが、後に日本を瞬時に近代国家へとフォームチェンジさせた底力でした。もし、信長が日本人をこの方向性に気付かせなかったら、経済の面で日本は大幅に立ち遅れていたことでしょう。

しかも、経済の不安定化は政治の混乱を招きます。信長の活躍がなければ、政元や晴元や長慶のように応仁の乱以降の強迫神経症的な内乱を繰り返して、国内が疲弊しきってしまった可能性すらあります。最悪の場合は外国の植民地になっていたかもしれません。

ところが、日本はそうはならなかった——。

なぜなら、織田信長がいたからです！

あとがき

読者の皆さん、スミマセン。またやっちゃいました。

主人公の織田信長を最終章の冒頭から登場させて、これまでのシリーズの中では最速記録を更新したと思ったのですが、幼少期のうつけ者の話も出てこなければ、桶狭間の戦いも、姉川の戦いも一切出てこないままこの本は終わってしまいそうです。いや、確実に終わります。だいたい、タイトルに「織田信長」と書いてあるにもかかわらず、本能寺の変についても一切書かれていませんでしたね。そういう定番の内容を期待していた皆さん、本当に申し訳ありませんでした。

私がいわゆる信長の定番ストーリーを書かなかった理由は簡単です。実は、この本は平成の仮面ライダーシリーズだからなのです。いきなり暗号通信で意味をロストしてしまった人はスミマセン。ちゃんと解説しておくと、昭和の仮面ライダーにおける敵（ショッカー、デストロン）は単なる悪として滅ぼされるべき存在でしたが、平成の仮面ライダーシリーズから敵（グロンギ、アンノウン）が悪をなすのに特別な事情があることが描かれるようになりました。私は信長と戦った敵をショッカーやデストロンではなく、グロンギやアンノウンのように丁寧に描きたかったのです。そうすることで、ネガフィルムからカラー写真が焼き上がるように信長の「輪郭」を浮かび上がらせようと思いました。

また、そうすることで一般的な信長本や多くの信長ファンが持っている信長贔屓のバイアスを取り除けるとも思いました。実は私自身が信長ファンとしてバイアスにまみれていますから、放っておいたらこの本も巷の信長礼賛本と大して変わらない内容になっていたでしょう。だからこそ、信長を褒め称えたい自分をぐっと抑えて、「敵方」のエピソードをふんだんに盛り込んだのです。

これは意図してやったことであって、行き当たりばったりで書いていたわけではありません。また、予定のページ数をオーバーしてしまったから、定番エピソードを書くスペースがなくなったというわけでもありません。

よく考えてみたら、「経済で読み解く」シリーズはすべてそうでしたね。第1作目の『経済で読み解く 大東亜戦争』は、戦争に至った経緯を経済で読み解く本でした。決して戦時下の経済について詳しく書いた本ではありません。戦時統制経済に関しては一切解説がなかったですね。

第2作目の『経済で読み解く　明治維新』も、明治維新がなぜ起こったのかを経済で読み解く本でした。ページの大半は江戸時代の経済についてであり、明治維新後の経済政策についてはほんの少ししか言及していませんでした。

シリーズ3作目である本書『経済で読み解く　織田信長』も基本的な構造はまったく同じです。信長がぶっ壊したものがいったい何だったのかということを、歴史的経緯も含めて詳しく書きました。この本の陰の主人公は室町幕府の将軍とそれを支えた管領や守護大名たちであり、寺社勢力の比叡山、五山、本願寺、日蓮宗などです。蓮如、細川政元、三好長慶は脇役ではなくて陰の主役でした。

主に信長の行動の軌跡をたどる定番の信長本はガンダムでいうならテレビシリーズ本編みたいなものです。それに対して、この本は設定資料やOVAのような立ち位置にあり、「織田信長の生涯」という本編のストーリーに厚みを持たせ、膨らませる役割を担っていたのです（本当にそうなっているといいのですが……）。

確かに、信長の邪魔をした大名や寺社勢力は室町時代の古い考えに捕らわれていました。彼らに任せていたら強迫神経症的な内乱を繰り返すだけで、戦国時代は永遠に終わらなかったかもしれません。信長の先駆者たる三好長慶はランク主義に捕らわれ何がしたいかわかりませんでしたし、リスクに無頓着な細川政元は死後日本を大混乱に陥れました。足利義教はいい線まで行っていたのですが、後継者の教育がイマイチで自分の遺志を継ぐ人がいませんでした。信長に、豊臣秀吉や徳川家康といった経営理念の後継者がいたのとは大違いです。

この点で信長はことごとく違いました。歴史に学び、同じ過ちを繰り返すことなく、徹底的に成功事例を取り入れる。今考えてみれば全部当たり前のことですが、それを徹底したところが信長の偉いところです。

そして、それを端から見ていた秀吉と家康が、「この路線で行こう！」と共感したのもまた当然のことだったと思います。

「織田がつき、羽柴がこねし天下もち、すわって食うは徳川家康」という有名な狂歌はそのことの本質を見事に言い当てています。言い換えれば、「信長が実証した新しい統治システムを、秀吉が徹底的に広め、家康はそれを維持した」ということです。

ちなみに、家康の亡き後、徳川家の将軍たちはこのインフラを改良し、日本を高度経済成長へと導きます。この点についてはシリーズ第2作の『経済で読み解く 明治維新』に詳しく書きましたのでぜひそちらをお読みください。

最後までお読みいただいてありがとうございます。この本が皆さんの織田信長に対する見方を変え、また違った意味での魅力に気づくきっかけになれば幸いです。

平成二九年二月

上念 司

主要参考文献

『日本米価変動史』中沢弁次郎（柏書房）
『戦国時代の宮廷生活』奥野高廣（続群書類従完成会）
『海から見た歴史』羽田正／編（東京大学出版会）
『戦争の日本史14　一向一揆と石山合戦』神田千里（吉川弘文館）
『宗教で読む戦国時代』神田千里（講談社選書メチエ）
『中世の借金事情』井原今朝男（吉川弘文館）
『織田信長のマネー革命 経済戦争としての戦国時代』武田知弘（ＳＢ新書）
『中世荘園の様相』網野善彦（塙選書 51）
『永楽帝』寺田隆信（中公文庫）
『比叡山史―闘いと祈りの聖域』村山修一（東京美術）
『日本都市生活の源流』村山修一（関書院）
『織田政権の基礎構造―織豊政権の分析1』脇田修（東京大学出版会）
『現代語訳　信長公記』太田牛一、中川太古／訳（新人物文庫）
『センゴク外伝 桶狭間戦記』（1）～（5）宮下英樹（ヤングマガジンコミックス）
『倉山満が読み解く 太平記の時代――最強の日本人論・逞しい室町の人々』倉山満（青林堂）
『天文法華の乱―武装する町衆』今谷明（平凡社）
『戦国期の室町幕府』今谷明（講談社学術文庫）

『象徴天皇の発見』今谷明（文春新書）
『近江から日本史を読み直す』今谷明（講談社現代新書）
『戦国時代の貴族――『言継卿記』が描く京都』今谷明（講談社学術文庫）
『戦国三好一族――天下に号令した戦国大名』今谷明（洋泉社MC新書）
『戦国大名と天皇』今谷明（講談社学術文庫）
『室町の王権――足利義満の王権簒奪計画』今谷明（中公新書）
『中世奇人列伝』今谷明（草思社）
『信長の政略～信長は中世をどこまで破壊したか』谷口克広（学研パブリッシング）
『織田信長の外交』谷口克広（祥伝社新書）
『信長と将軍義昭――提携から追放、包囲網へ』谷口克広（中公新書）
『信長の天下布武への道』谷口克広（吉川弘文館）
『信長・秀吉と家臣たち』谷口克広（学研新書）
『信長の親衛隊　戦国覇者の多彩な人材』谷口克広（中公新書）
『信長軍の司令官　部将たちの出世競争』谷口克広（中公新書）
『信長と消えた家臣たち　失脚・粛清・謀反』谷口克広（中公新書）
『織田信長合戦全録　桶狭間から本能寺まで』谷口克広（中公新書）
『〈織田信長と戦国時代〉覇王の後継者織田信忠』谷口克広（歴史群像デジタルアーカイブス）
『〈織田信長と元亀争乱〉四面楚歌での苦闘』谷口克広（歴史群像デジタルアーカイブス）
『信長と家康　清須同盟の実体』谷口克広（学研新書）

主要参考資料

『日宋貿易の実態―「諸国」来着の異客たちと、チャイナタウン「唐房」―』服部英雄（２００５）
http://catalog.lib.kyushu-u.ac.jp/handle/2324/17776/p33-64.pdf

『日銀企画展「海を越えた中世のお金　〝びた1文〟に秘められた歴史」パンフレット』
http://www.imes.boj.or.jp/cm/exhibition/2009/k_20091010.html

『初期明王朝の通貨政策』檀上寛　東洋史研究（１９８０）
http://repository.kulib.kyoto-u.ac.jp/dspace/bitstream/2433/153797/1/jor039_3_527.pdf

『出土備蓄銭と中世後期の銭貨流通（鈴木公雄）』史学Ｖｏｌ．61 №3/4（１９９２．３）
http://koara.lib.keio.ac.jp/xoonips/modules/xoonips/download.php/AN00100104-19920300-0001.pdf?file_id=59436

Maddison Project
http://www.ggdc.net/maddison/maddison-project/home.htm

立法と調査 2006．10 №260
http://www.sangiin.go.jp/japanese/annai/chousa/rippou_chousa/backnumber/2006pdf/20061006090.pdf

『蓮如の町づくり』大谷學報第78巻第2号-5 西川幸治（1999）

『真宗教団の中世的変貌』大谷學報 第47巻第1号-3北西弘（1967）
https://otani.repo.nii.ac.jp/

『中世末の畿内における寺内町の成立と変遷に関する研究』住宅総合研究財団研究年報№25 1998
研究№9707
http://www.jusoken.or.jp/pdf_paper/1998/9707-0.pdf

◎著者略歴

上念司（じょうねん・つかさ）

1969年、東京都生まれ。中央大学法学部法律学科卒業。在学中は創立1901年の弁論部・辞達学会に所属。日本長期信用銀行、臨海セミナーを経て独立。2007年、経済評論家・勝間和代と株式会社「監査と分析」を設立。取締役・共同事業パートナーに就任（現在は代表取締役）。2010年、米国イェール大学経済学部の浜田宏一教授に師事し、薫陶を受ける。金融、財政、外交、防衛問題に精通し、積極的な評論、著述活動を展開している。
著書に、『TOEICじゃない、必要なのは経済常識を身につけることだ！』（ワック）、『家なんて200％買ってはいけない！』（きこ書房）、『財務省と大新聞が隠す本当は世界一の日本経済』（講談社）、『経済で読み解く 大東亜戦争』『経済で読み解く 明治維新』（小社）他多数。

経済《けいざい》で読《よ》み解《と》く 織田信長《おだのぶなが》

「貨幣量《かへいりょう》」の変化《へんか》から宗教《しゅうきょう》と戦争《せんそう》の関係《かんけい》を考察《こうさつ》する

2017年3月5日　初版第1刷発行

著　者　上念司《じょうねんつかさ》
発行者　栗原武夫
発行所　KKベストセラーズ
〒170-8457
東京都豊島区南大塚2-29-7
電話 03-5976-9121
http://www.kk-bestsellers.com/

印刷所　近代美術株式会社
製本所　株式会社積信堂
ＤＴＰ　株式会社オノ・エーワン
装　幀　神長文夫＋柏田幸子
図表制作　大熊真一（ロスタイム）
イラスト　瀬芹つくね

定価はカバーに表示してあります。
乱丁、落丁本がございましたら、お取り替えいたします。

ISBN 978-4-584-13778-9　C0030